教科書ワーク もくじ

東京書籍版 かん字1ねん

【イラスト】かつまたひろこ、久保田彩子、みやもとかずみ

ひらがな・かたかなの　れんしゅうを　しよう

きほんのワーク

あいうえお・アイウエオ

あ
あ

い
い

う
う

え
え

お
お

あひる
あさ

いぬ
いるか

うま
うみ

えき
えんとつ

おに
おやこ

ア
ア

イ
イ

ウ
ウ

エ
エ

オ
オ

べんきょうした日
月　日

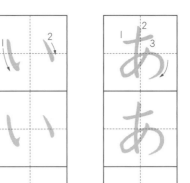

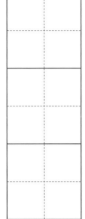

ひらがな・かたかなの　れんしゅうを　しよう

きほんのワーク

かきくけこ・カキクケコ

か か

き き

く く

け け

こ こ

かえる
しか

きつつき
かき

くま
つくえ

けいと
とけい

ことり
こま

カ カ

キ キ

ク ク

ケ ケ

コ コ

べんきょうした日

月　日

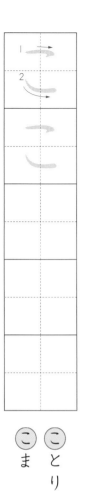

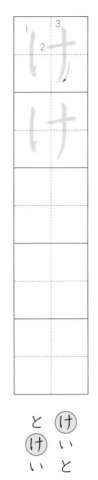

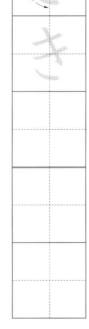

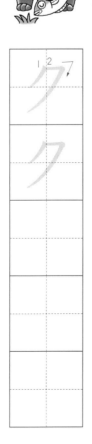

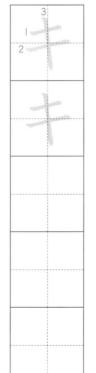

ひらがな・かたかなの　れんしゅうを　しよう

きほんのワーク

さしすせそ・サシスセソ

さ　さ

さんま
かさ

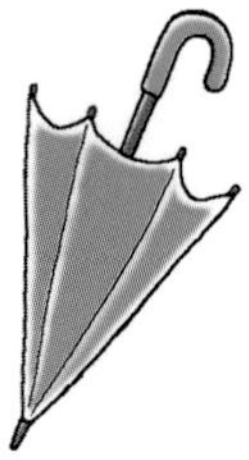

サ　サ

し　し

しまうま
はし

シ　シ

す　す

すいか
ふんすい

ス　ス

せ　せ

せなか
せみ

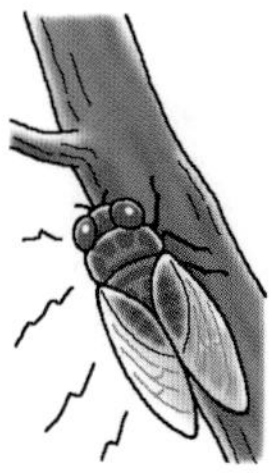

セ　セ

そ　そ

そら
そり

ソ　ソ

べんきょうした日

月　日

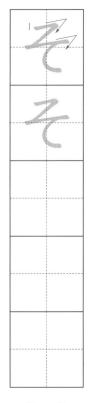

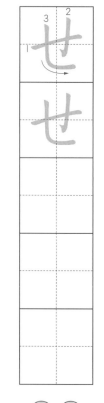

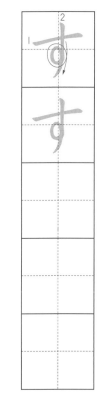

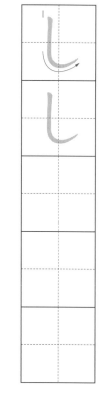

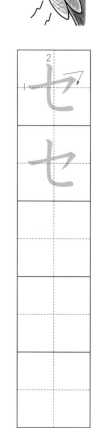

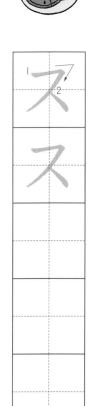

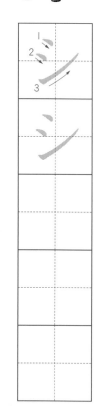

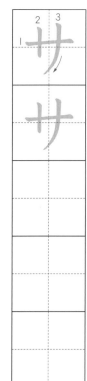

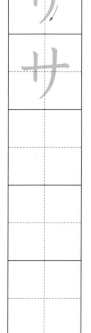

ひらがな・かたかなの　れんしゅうを　しよう

きほんのワーク

たちつてと・タチツテト

た た

ち ち

つ つ

て て

と と

たこ
ほたる

はち
ちくわ

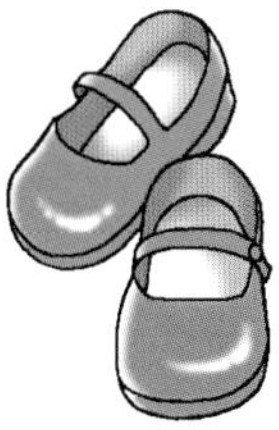

つみき
くつ

て
こうてい

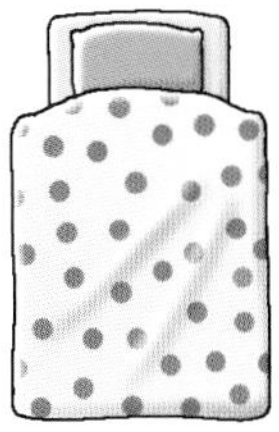

とら
ふとん

タ タ

チ チ

ツ ツ

テ テ

ト ト

べんきょうした日

月　日

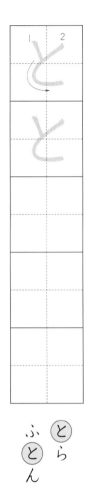

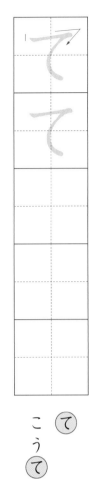

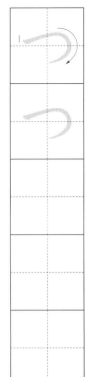

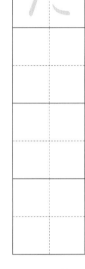

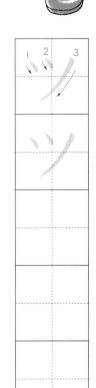

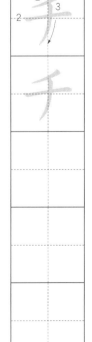

きほんの ワーク

なにぬねの・ナニヌネノ

な な

に に

ぬ ぬ

ね ね

の の

なまえ
なのはな

にわとり
かに

ぬりえ
たぬき

ねこ
きつね

のり
きのこ

ナ ナ

ニ ニ

ヌ ヌ

ネ ネ

ノ ノ

べんきょうした日
月　日

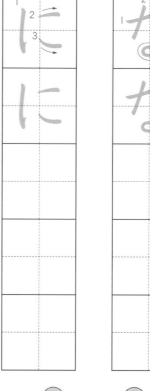

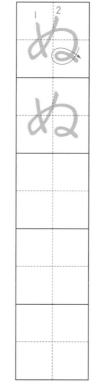

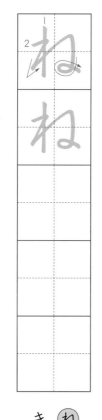

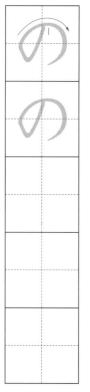

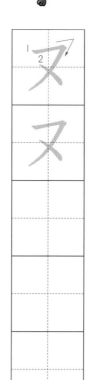

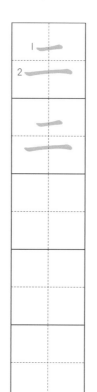

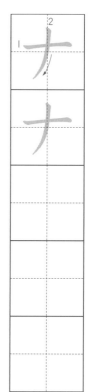

ひらがな・かたかなの　れんしゅうを　しよう

きほんのワーク

はひふへほ・ハヒフヘホ

は は

ひ ひ

ふ ふ

へ へ

ほ ほ

はな
はと

ひまわり
ひよこ

ふうせん
ふね

へちま
へそ

ほし
えほん

ハ ハ

ヒ ヒ

フ フ

ヘ ヘ

ホ ホ

べんきょうした日
月　日

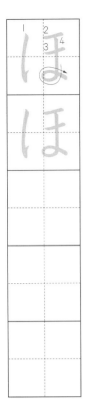

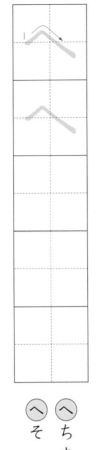

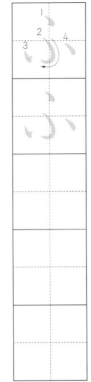

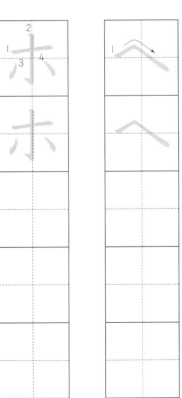

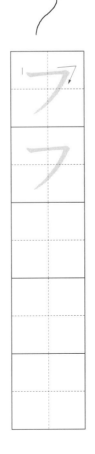

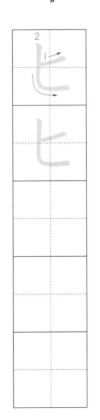

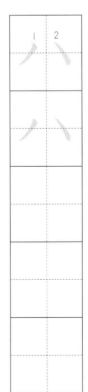

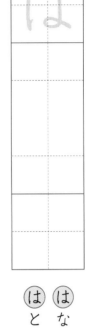

ひらがな・かたかなの　れんしゅうを　しよう

きほんのワーク

まみむめも・マミムメモ

べんきょうした日

月　日

ま　ま

み　み

む　む

め　め

も　も

まめ
まくら

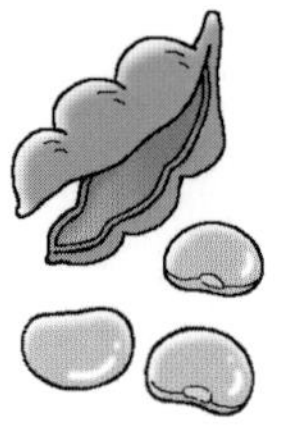

みみ
みかん

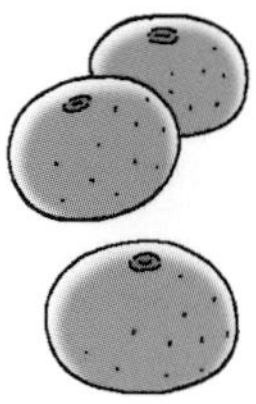

むし
かたつむり

おひめさま
ゆめ

もり
かもめ

マ　マ

ミ　ミ

ム　ム

メ　メ

モ　モ

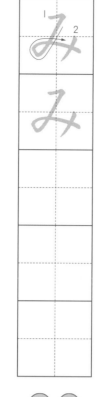

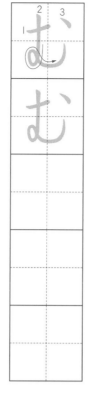

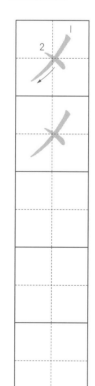

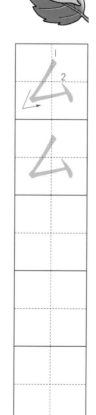

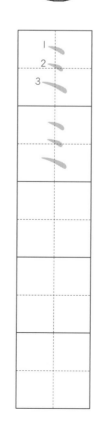

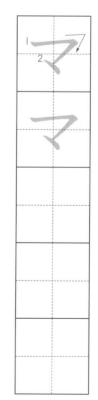

ひらがな・かたかなの れんしゅうを しよう

きほんのワーク

やゆよ・ヤユヨ

べんきょうした日
月　日

や や

ゆ ゆ

よ よ

やま
やさい

ゆき
ゆうひ

よる
ようふく

ヤ ヤ

ユ ユ

ヨ ヨ

ていねいに
かこうね！

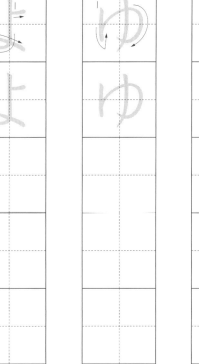

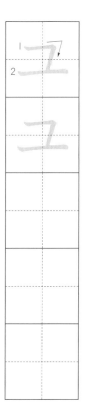

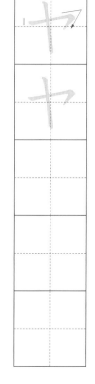

ひらがな・かたかなの　れんしゅうを　しよう

きほんのワーク

らりるれろ・ラリルレロ

ら　ら

り　り

る　る

れ　れ

ろ　ろ

らくだ
さくら

りす
あり

さる
くるま

すみれ
あられ

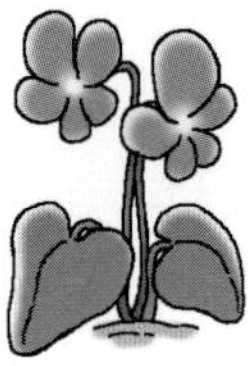

ろうか
せんろ

ラ　ラ

リ　リ

ル　ル

レ　レ

ロ　ロ

べんきょうした日

月　日

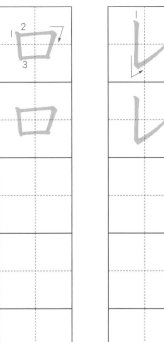

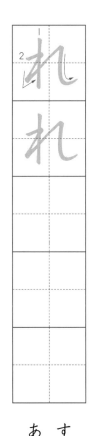

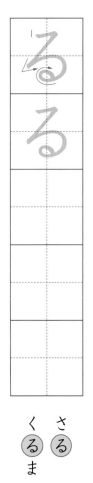

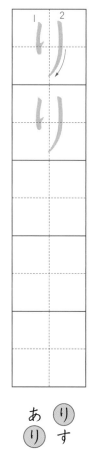

ひらがな・かたかなの　れんしゅうを　しよう

きほんのワーク

わをん・ワヲン

わ わ

を を

ん ん

わに
かわ

じを かく
めを みる

やかん
きりん

ワ ワ

ヲ ヲ

ン ン

じょうずに　かけるように
くりかえし
れんしゅうしようね！

べんきょうした日
月　日

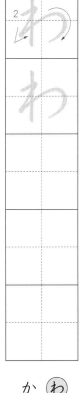

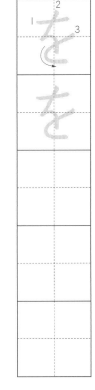

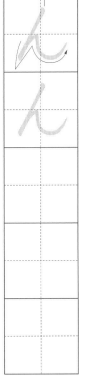

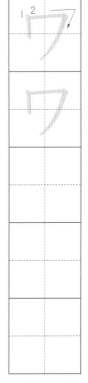

きほんの ワーク

にて いる じ

1 えを みて、□に あう じを かきましょう。

い□　か□

□こ　□に　□んこん

2 えに あう ことばを えらんで、——せんで むすびましょう。

①  ・　・はし

②  ・　・ほし

③  ・　・かき

④  ・　・かさ

こたえ 1ページ

べんきょうした日 月 日

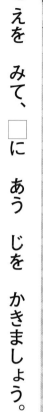

きほんのワーク

゛の つく じ

1 てん゛が つくと、ことばが かわります。つぎの えを みて、なまえを □に かきましょう。うすい じは なぞりましょう。

①  さる — 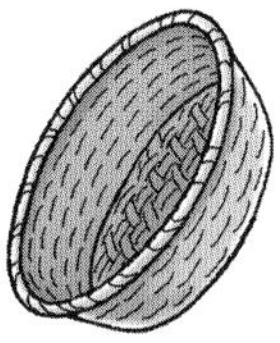 □□

② 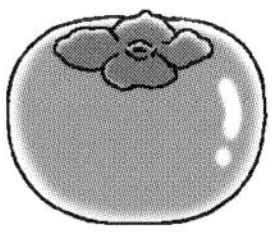 かき —  □□

③  まと — 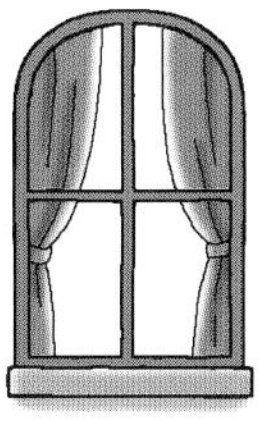 □□

2 えを みて、てん゛の つく じを □に かきましょう。

①  □ん□り

②  □んわ

③  め□か

④  にん□ん

⑤  とん□

こたえ 1ページ

べんきょうした日
月 日

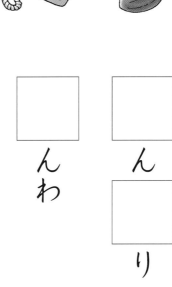

きほんのワーク

゜の つく じ

こたえ 1ページ

べんきょうした日
月　日

1 ちがいに きを つけて、□に あう てん゛や まる゜の つく じを かきましょう。

(1)

①

たん□

②

たん□□

(2)

①

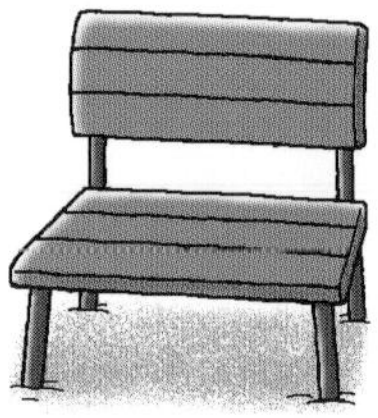

□んち

②

□んぎん

2 えを みて、まる゜の つく じを □に かきましょう。

①

えん□つ

②

てん□ら

③

はん□ん

④

さん□

きほんのワーク

のばす「あ・い・う・え・お」の　つく　ことば

こたえ　1ページ

べんきょうした日　月　日

1 えを　みて、ただしい　かきかたに　○を　つけましょう。

① 
あ（　）とけい
い（　）とけえ

② 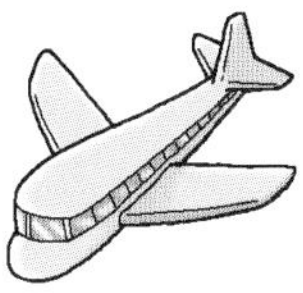
あ（　）ひこうき
い（　）ひこおき

③ 
あ（　）せんせえ
い（　）せんせい

④ 
あ（　）おねいさん
い（　）おねえさん

⑤ 
あ（　）ぼうし
い（　）ぼおし

2 かぞくの　ひとの　よびかたを　かきましょう。

① おか□さん
② おと□さん
③ おば□さん
④ おじ□さん
⑤ おと□と
⑥ いも□と

わたし

きほんのワーク

しりとりあそび

1 えに あう ことばを かいて、しりとりを しましょう。うすい じは なぞりましょう。

2 えに あう ことばを かいて、しりとりを しましょう。うすい じは なぞりましょう。

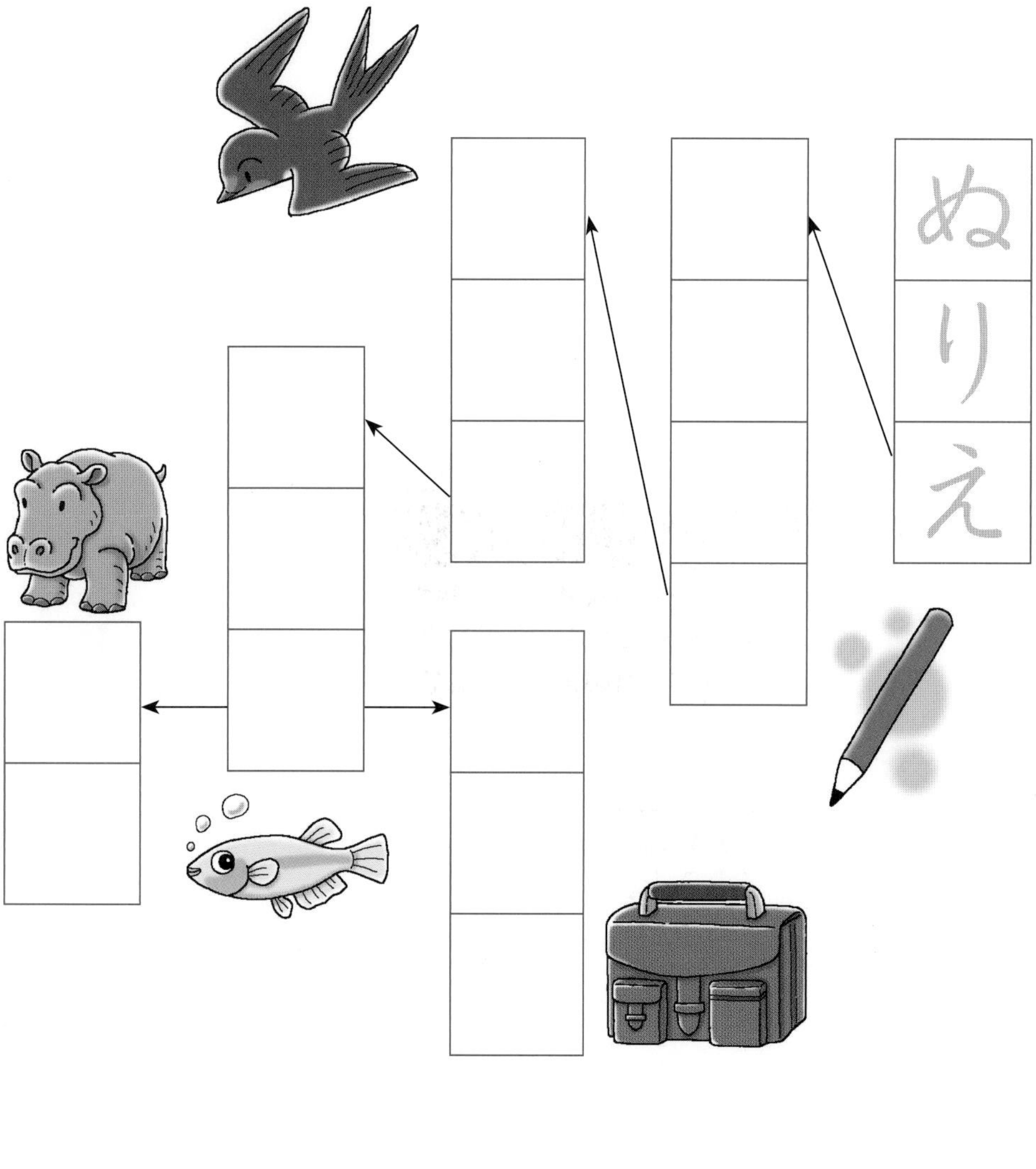

こたえ 2ページ

べんきょうした日
月 日

きほんのワーク

ちいさい「っ」の つく ことば

こたえ 2ページ

べんきょうした日
月 日

1 えに あう ことばを えらんで、――せんで むすびましょう。

(1)

① 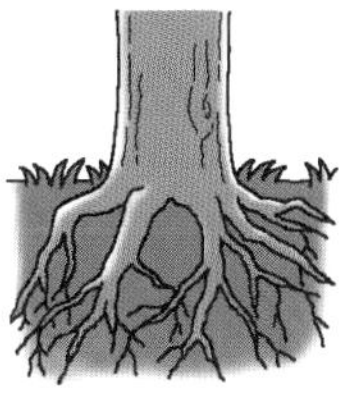 ・ ・ねこ

②  ・ ・ねっこ

(2)

①  ・ ・まくら

②  ・ ・まっくら

2 えを みて、なまえを ひらがなで かきましょう。

① 

② 

3 つぎの ぶんの なかで、ちいさく かく じを ○で かこみましょう。

きつねと たぬきが
はらっぱで
かけっこを しました。

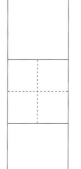

きほんのワーク

ちいさい「ゃ・ゅ・ょ」の つく ことば

こたえ 2ページ

べんきょうした日
月　日

1 えに あう ことばを えらんで、――せんで むすびましょう。

(1)

①  ・　　・びよういん

② 

・　　・びょういん

(2)

①  ・　　・いしや

②  ・　　・いしゃ

2 えを みて、ただしい かきかたに ○を つけましょう。

① 

あ（　）でんしや
い（　）でんしゃ

② 

あ（　）ちょうちょ
い（　）ちようちよ

3 えを みて、□に あう じを かきましょう。

① 

ぎ□うに□う

②  きんぎ□

③  じてんし□

きほんのワーク

「わ」と「は」、「お」と「を」、「え」と「へ」

こたえ 2ページ

べんきょうした日
月　日

1 ただしい ほうに ○を つけましょう。

① ㋐（　）がっこうへ いく じかんです。
　 ㋑（　）がっこうえ いく じかんです。

② ㋐（　）ねこお かって います。
　 ㋑（　）ねこを かって います。

③ ㋐（　）ぼくは いちねんせいです。
　 ㋑（　）ぼくわ いちねんせいです。

④ ㋐（　）おりがみで つるを おる。
　 ㋑（　）おりがみで つるお おる。

2 つぎの □に、あう ほうの じを かきましょう。

① おね□（え・へ）さんと いっしょに、こうえん□（え・へ）あそびに いきました。

② おとうさん□（わ・は） しんぶん□（お・を） よんで います。

③ に□（わ・は）で□（お・を）にごっこ□（お・を） して あそびました。

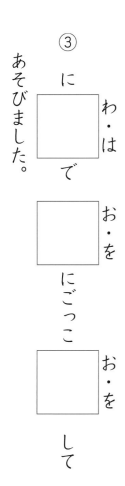

きほんのワーク

かぞえうた

きょうかしょ ㊤114〜117ページ

こたえ 2ページ

べんきょうした日　月　日

◆「よみかた」の あかい じは きょうかしょで つかわれて いる よみです。

かぞえうた

一（とめる）

よみかた
イチ　イツ
ひと　ひとつ

一
1かく

114ページ

つかいかた

一《いち》ねんせい。
一《いっ》ぽんの えんぴつ。
りんごを 一《ひと》つ かう。

よんで みよう、かいて みよう。

① 一とうの かば。（　　）
② 一つ えらぶ。（　　）
③ □《いち》ねんせい。
④ □《ひと》つ たべる。

二（みじかく・ながく）

よみかた
ニ
ふた　ふたつ

二
2かく

114ページ

つかいかた

二《に》まい。 二《に》ひきの ねこ。
二《ふた》ばが でる。
二《ふた》つの め。

よんで みよう、かいて みよう。

① 二さつの ノート。（　　）
② 二つの あめ。（　　）
③ □《に》まいの はっぱ。
④ □《ふた》つの め。

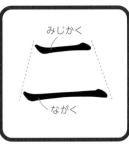

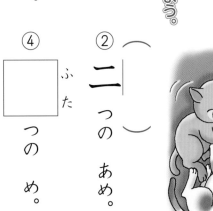

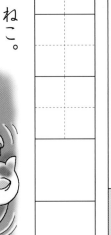

三

すこし みじかく
さいごは ながく

よみかた

サン
み　みつ　みっつ

一 二 三

3かく

114ページ

つかいかた

三《さん》さつの ほん。
三《み》かづきが みえる。
三《み》つごの あかちゃん。
三《みっ》つの りんご。

できかた

さんぼんの よこぼうから できました。

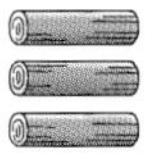

⇩ ≡ ⇩ 三

かたかなの 「ミ」は、この 「三」から できました。

よんで みよう、かいて みよう。

① （　　）三わの とり。
② （　　）三つの まる。
③ 一ねん □《さん》くみ。
④ □《みっ》つ かぞえる。

四

まげる
はらう

よみかた

シ
よ　よつ　よっつ　よん

四 四 四 四 四

5かく

114ページ

つかいかた

四《し》がつの はじめ。
四《よ》にんきょうだい。
あめを 四《よっ》つ もらう。
四《よん》さつの ずかん。

ちゅうい

かたちに きを つけて かきましょう。

× 皿　たてぼう 二ほんでは ありません。

○ 四　みぎに まげる。 ひだりに はらう。

よんで みよう、かいて みよう。

① （　　）四かくい はこ。
② （　　）四つの りんご。
③ □《よ》にん あつまる。
④ □《よん》さつの ほん。

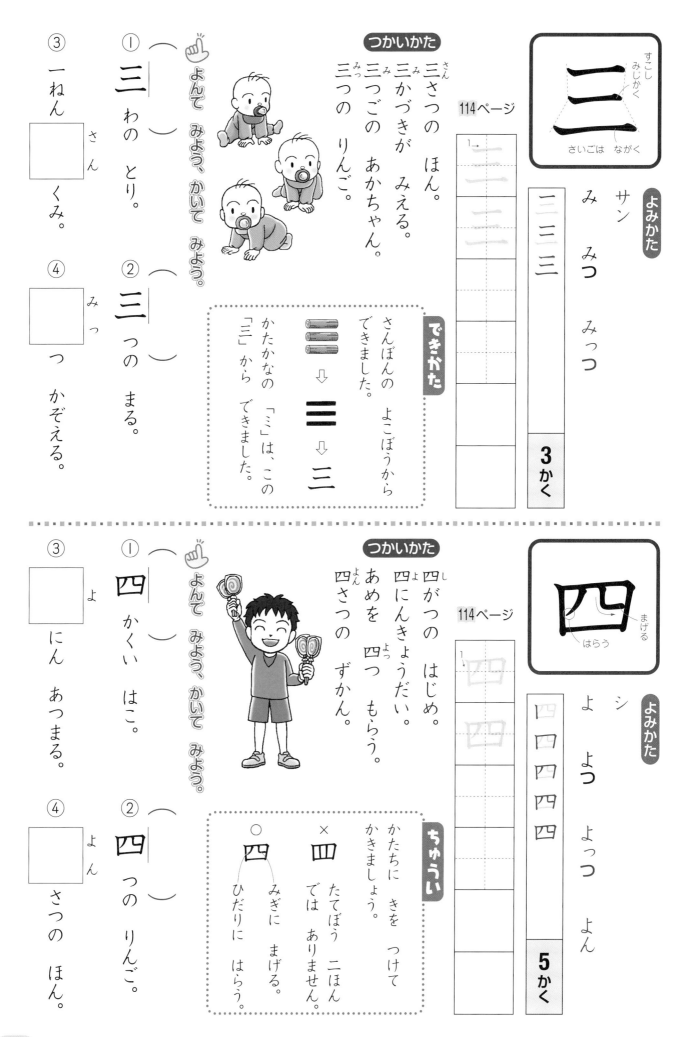

よみかた

ゴ

いつ　いつつ

4かく

五五五五

114ページ

五五

つかいかた

五《ご》わの　すずめ。
いぬが　五《ご》ひき　いる。
五《いつ》かごに　また　あう。
おとうとは　五《いつ》つだ。

ちゅうい

ひつじゅんに　きを　つけましょう。
○　五　五　五　五
×　五　五　五　五
五かいで　かくのでは　なく、四かいです。ちゅういしましょう。

よんで　みよう、かいて　みよう。

①（　　）五ひきの　さかな。

②（　　）五つめの　まる。

③［　　］《ご》だいの　くるま。

④［　　］《いつ》つの　だんご。

よみかた

ロク

む　むつ　むっつ　むい

4かく

六六六六

115ページ

六六

つかいかた

六《ろく》にんの　ともだち。
六《ろく》ねんせいの　はんちょう。
六《むっ》つに　わける。
こんげつの　六《むい》か。

おぼえよう

六《ろく》ほん ⇩ 六《ろっ》ぽん

いいやすい　いいかたに　かわって　いきました。
ほかに「六《ろっ》ぱい」「六《ろっ》かい」などの　いいかたも　あります。

よんで　みよう、かいて　みよう。

①（　　）六がつに　なる。

②（　　）六つの　しつもん。

③［　　］《ろっ》ぽんの　えんぴつ。

④［　　］《むっ》つの　なし。

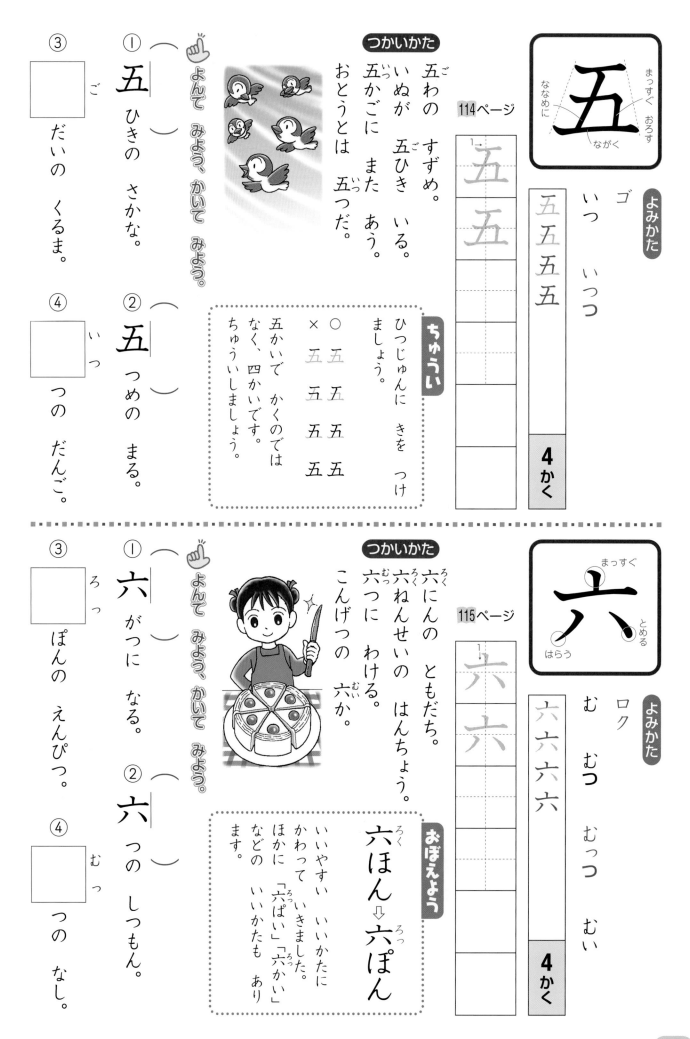

七

よみかた
シチ
なな　ななつ　なの

七 七

2かく

115ページ

つかいかた

七五三《しちごさん》。
七《なな》ばんめに　ならぶ。
ぼくは　七《なな》つに　なった。
七《しち》がつ七《なの》かは　たなばただ。

おぼえよう

七夕

とくべつに　「たなばた」と　よみます。
（「夕」は　82ページ）

よんで　みよう、かいて　みよう。

① 七（　　）そくの　くつ。

② 七（　　）っ　かぞえる。

③ □□□（しちごさん）。

④ □（なな）ばんめ。

八

よみかた
ハチ
や　やつ　やっつ　よう

八 八

2かく

115ページ

つかいかた

八《はち》にんで　うたう。
八《はち》だいの　くるま。
おねえさんは　八《やっ》つです。
一《いち》がつ八《よう》かから　はじまる。

ちゅうい

八《はち》ほん
八《はっ》ぽん
二つの
いいかたが
あります。

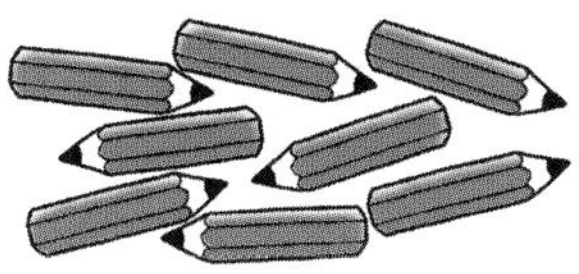

よんで　みよう、かいて　みよう。

① 八（　　）ばんめの　ふだ。

② 八（　　）つの　たまご。

③ □（はっ）ぴきの　いぬ。

④ □（やっ）つ　かぞえる。

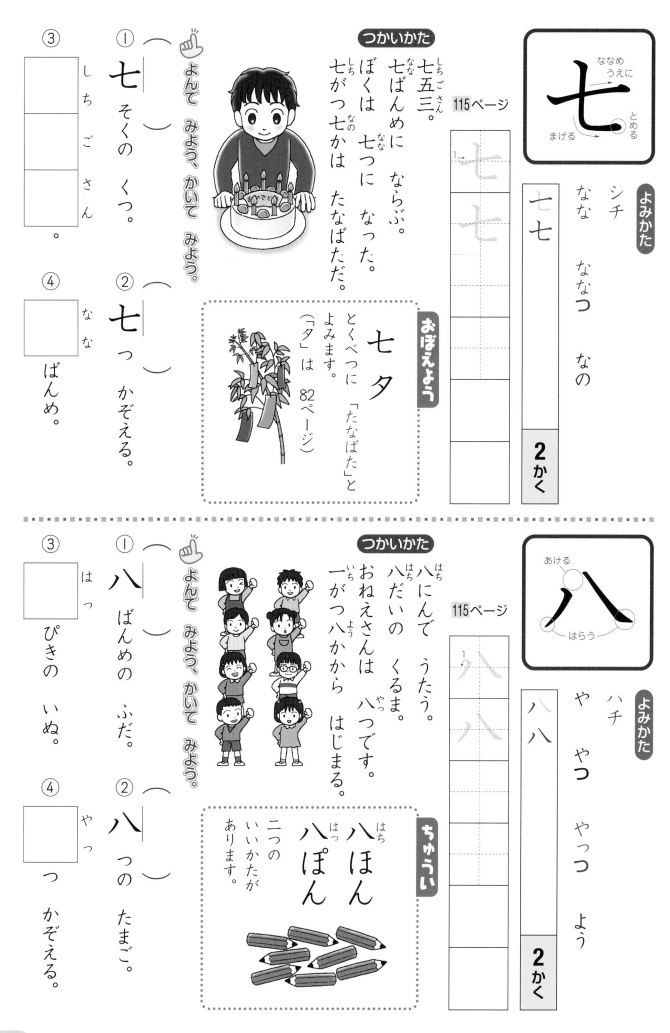

九

はらう　はねる　まげる

よみかた
キュウ　ク
ここの　ここのつ

2かく

115ページ

つかいかた

九《きゅう》かいめの ちょうせん。
としは 九《きゅう》さいだ。
九《く》がつ九《ここの》か。
おにいさんは 九《ここの》つです。

ちゅうい

ひつじゅんに きを つけましょう。
○ ノ 九 はらいが さき
× 乙 九
二ばんめに かく 「乙」は、つづけて 一かいで かきましょう。

よんで みよう、かいて みよう。

① 九（　　）こずつ わける。

② 九（　　）がつに なる。

③ □《きゅう》つぶの まめ。

④ □《ここの》つ たたく。

十

おなじくらい　ながく

よみかた
ジュウ　ジッ〈ジュッ〉
とお　と

2かく

115ページ

つかいかた

一まいの 十《じゅう》えんだま。
十《じっ》かい じを かく。
十《とお》 かぞえる。
十人《じゅうにん》十《と》色《いろ》。

おぼえよう

よみかたに きを つけましょう。

十ぽん
○ じっぽん（じゅっぽん）
× じゅうぽん

よんで みよう、かいて みよう。

① 十（　　）ぴきの いぬ。

② 十（　　）がつ 十（　　）か。

③ □《じゅう》まい あつめる。

④ □《じっ》てん まんてん。

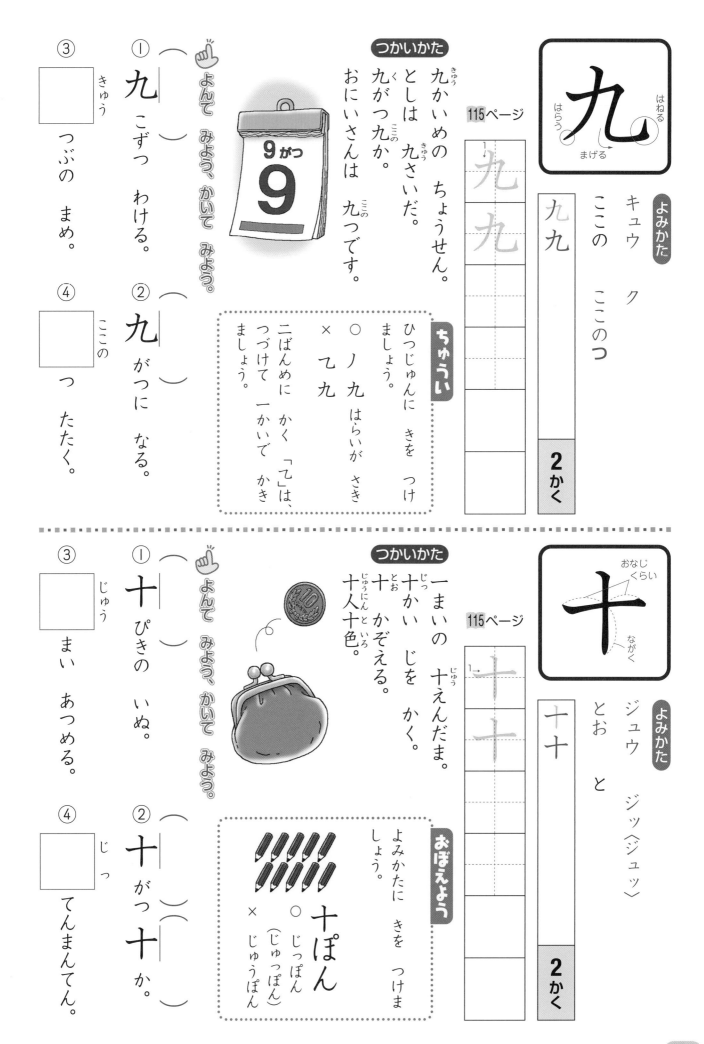

れんしゅうの ワーク

かぞえうた

きょうかしょ 上 114～117ページ

こたえ 2ページ

べんきょうした日　月　日

1 あたらしい　かんじを　よみましょう。

① 114ページ　みかんが　一（　）つ。

② ぞうが　一（　）とう。

③ 二（　）つの　りんご。

④ 二（　）まいの　タオル。

⑤ まちがいが　三（　）つ　ある。

⑥ かもめが　三（　）わ。

⑦ 四（　）つ　えらぶ。

⑧ 四（　）さつの　えほん。

⑨ 五（　）つの　あめ。

⑩ くるまが　五（　）だい。

⑪ 六（　）つに　わける。

⑫ ろうそくが　六（　）ぽん。

⑬ 七（　）つの　どうぐ。

⑭ くつが　七（　）そく。

⑮ 八（　）つ　かぞえる。

⑯ みつばちが　八（　）ぴき。

⑰ 九（　）つ　くばる。

⑱ まめが　九（　）つぶ。

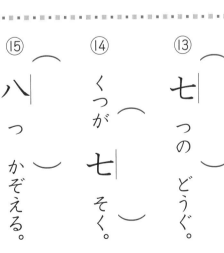

⑲ 九つ、十（　　）と　かぞえる。

⑳ 十（　　）にんの　ともだち。

㉑ 四（　　）がつの　にちようび。

㉒ 四（　　）ねんせいの　きょうしつ。

㉓ 七（　　）五三の　おいわい。

㉔ 九（　　）がつの　カレンダー。

㉕ 十（　　）ぴきの　いぬ。

2 あたらしい　かんじを　かきましょう。

① 114ページ □《いち》がつの　ぎょうじ。

② たまごが　□《に》こ。

③ ほんが　□《さん》さつ。

④ □《よん》ほ　すすむ。

⑤ □《ご》まいの　おりがみ。

⑥ □《ろく》えんの　おつり。

⑦ □《なな》さいの　たんじょうび。

⑧ □《はち》ばんめに　よばれる。

⑨ □《きゅう》この　トマト。

⑩ □《じゅう》までの　すうじ。

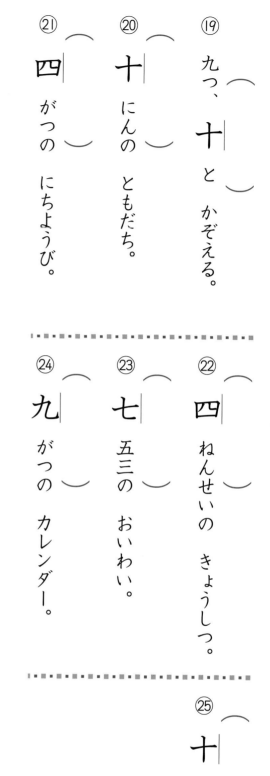

きほんのワーク

かんじの　はなし

きょうかしょ　上126～129ページ

こたえ　3ページ

べんきょうした日　月　日

かんじの　はなし

山

ながく　すこし　だす

よみかた
サン
やま

山山山　3かく

126ページ

つかいかた

か山《ざん》が　みえる。
山《さん》みゃくが　つづく。
山《やま》の　てっぺん。

よんで　みよう、かいて　みよう。

① 山（　）に　きを　うえる。

② たかい　山（　）。

③ きゅうな　□《やま》　みち。

④ □《やま》に　のぼる。

◆「よみかた」の　あかい　じは　きょうかしょで　つかわれて　いる　よみです。

木

はらう　はらう　とめる

よみかた
ボク　モク
き　こ

木木木木　4かく

126ページ

つかいかた

さくらの　たい木《ぼく》。
ざい木《もく》を　はこぶ。
木《き》の　したで　やすむ。

よんで　みよう、かいて　みよう。

① おおきな　木（　）。

② なみ木（　）みち。

③ □《き》の　ねっこ。

④ □《き》を　うえる。

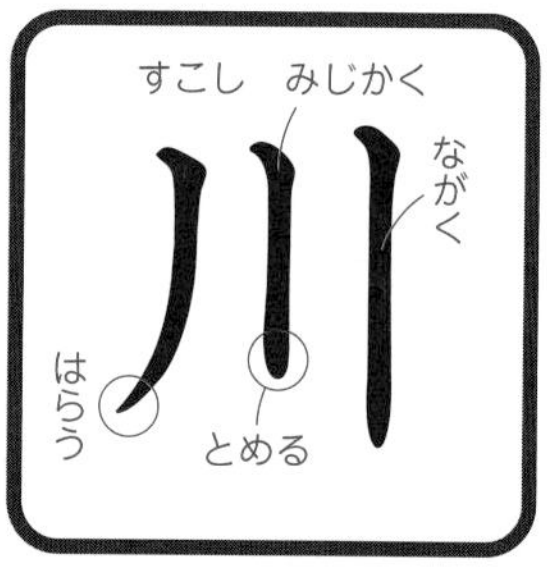

127ページ

よみかた

（セン）
かわ

川川川

3かく

つかいかた

川《かわ》で あそぶ。
川《かわ》が ながれる。
川《かわ》に すむ いきもの。
ながれの はやい 川《かわ》。

できかた

みずの ながれて いる かわの かたちから できました。

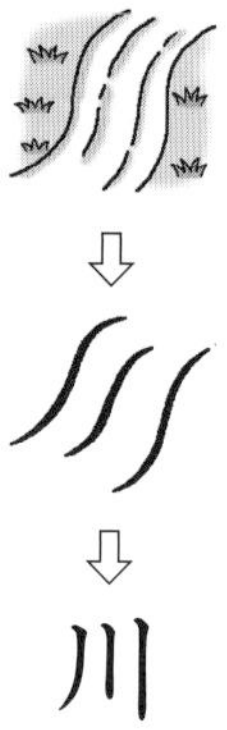

よんで みよう、かいて みよう。

① 川（　　）に むかう。
② 川（　　）の みずが ふえる。
③ □《かわ》の さかな。
④ □《かわ》で およぐ。

127ページ

よみかた

モク （ボク）
め （ま）

目目目目目

5かく

つかいかた

目《もく》ひょうを きめる。
いろいろな か目《もく》。
そっと 目《め》を つぶる。
あさ 目《め》が さめる。

できかた

めの かたちから できました。

日《ひ》 よこぼう 一ぽん
目 よこぼう 二ほん
（「日」は 41ページ）

よんで みよう、かいて みよう。

① 目（　　）を あける。
② おおきな 目（　　）。
③ □《め》じるしを つける。
④ □《め》の かたち。

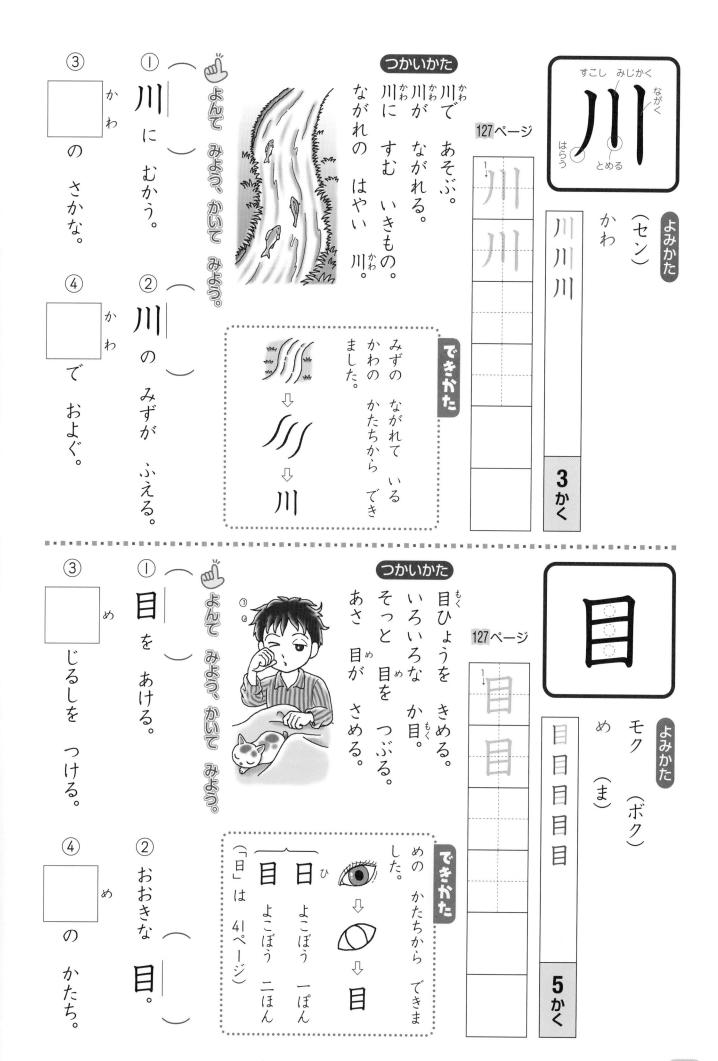

月

よみかた
ゲツ　ガツ
つき

月月月月

4かく

127ページ

つかいかた

きょうは　まん月《げつ》だ。
月《げつ》ようびの　できごと。
ぼくは　五月《ごがつ》うまれだ。
まるい　お月《つき》さま。

できかた

よぞらに　かがやく　みかづきの　かたちから　できました。

「日」（41ページ）と　いう　かんじの　できかたと　よく　にて　いますね。

よんで　みよう、かいて　みよう。

① お月見《み》。（　　）
② あかるい　月。（　　）
③ きれいな　□《つき》。
④ □《つき》が　でる。

上

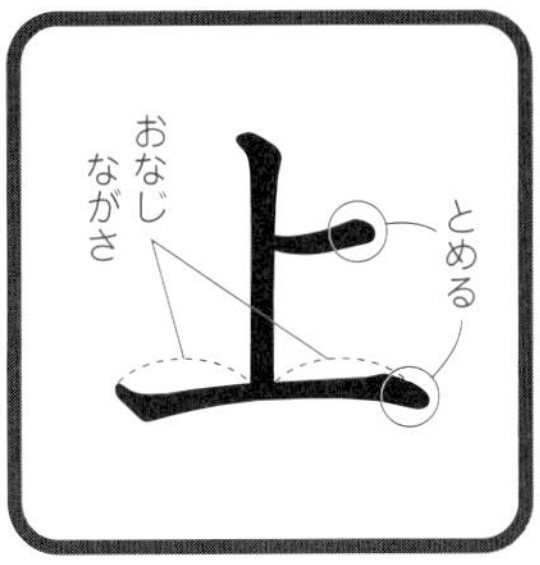

よみかた
ジョウ　（ショウ）
うえ　うわ　かみ
あげる　あがる
のぼる　（のぼせる）　（のぼす）

上上上

3かく

128ページ

つかいかた

ほんの　上《じょう》かん。
たなの　上《うえ》に　おく。
てんまで　上《あ》がれ。
川上《かわかみ》に　上《のぼ》る。

できかた

うえに　ものが　ある　ことを　しめす　しるしから　できました。

たて　よこ　かいて、さいごの　よこぼう　ながく。
ひつじゅんに　きを　つけましょう。

よんで　みよう、かいて　みよう。

① 上を　むく。（　　）
② つくえの　上。（　　）
③ やねの　□《うえ》。
④ □《うえ》の　ほう。

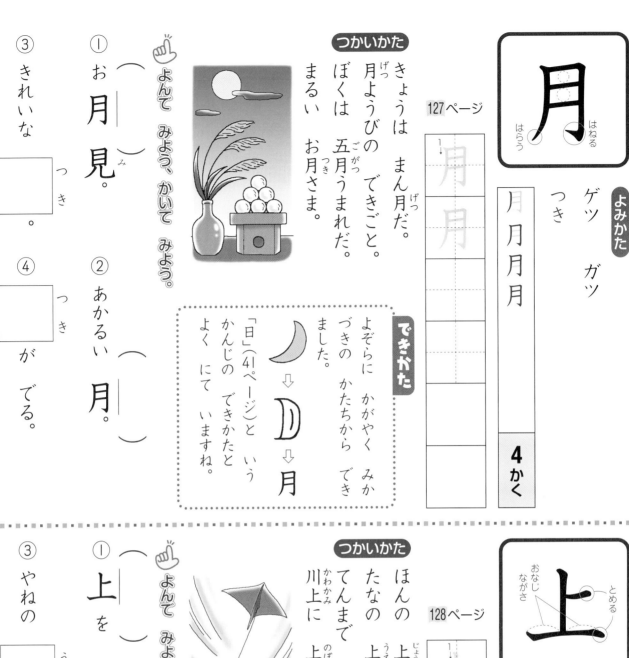

下

とめる
とめる

よみかた
カ　ゲ
した　しも　（もと）　さげる　さがる
くだる　くだす　くださる　おろす　おりる

下下下

3かく

128ページ

つかいかた

ち下《か》てつに　のる。
つくえの　下《した》。
あたまを　下《さ》げる。
川下《かわしも》に　下《くだ》る。

できかた

したに　ものが　ある　こ
とを　しめす　しるしから
できました。

⇩
下

はんたいの　いみの　ことば
上《うえ》↔下《した》

よんで　みよう、かいて　みよう。

① 木の　下。（　　）
② 下（　　）の　ひきだし。
③ やねの　□《した》。
④ いすの　□《した》。

二かいずつ　かいて　れんしゅうしよう

山の上
木の下
ながい川
目とくち
月をみる

れんしゅうの ワーク かんじの はなし

きょうかしょ　上 126〜129ページ

こたえ　3ページ

べんきょうした日　月　日

1 あたらしい かんじを よみましょう。

① 126ページ 山（　　）の かたち。

② 木（　　）を きる。

③ 川（　　）の みず。

④ 目（　　）を あける。

⑤ 月（　　）を みる。

⑥ つくえの 上（　　）。

⑦ にもつを 下（　　）に おく。

⑧ 山（　　）みちを のぼる。

⑨ さくらの なみ木（　　）。

⑩ ちずの 目（　　）じるし。

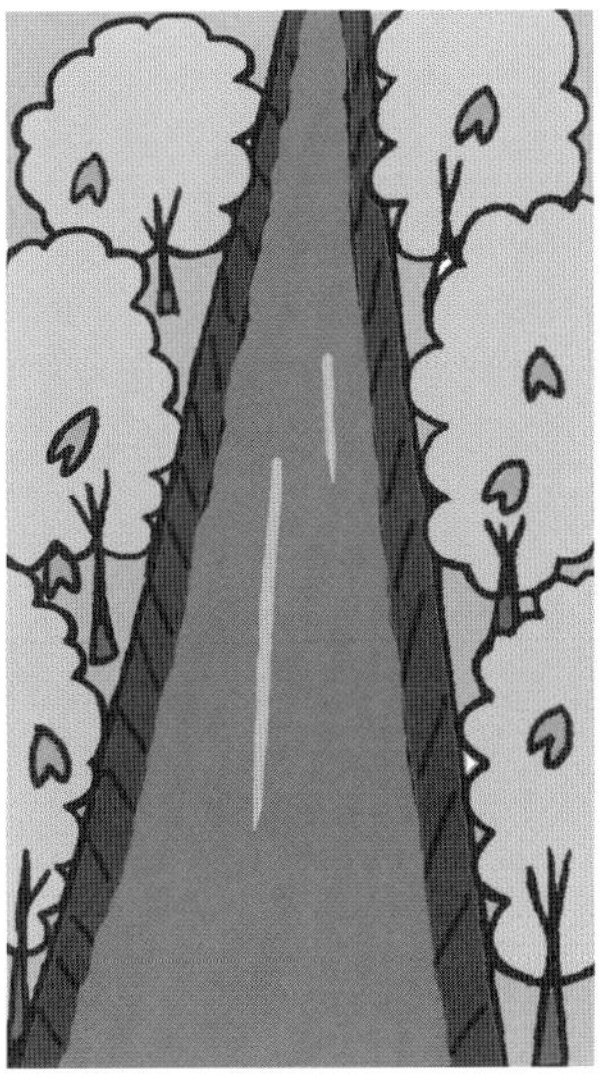

2 あたらしい かんじを かきましょう。

① 126ページ たかい □《やま》が みえる。

② □《き》を うえる。

③ □《かわ》で およぐ。

④ □《め》を さます。

⑤ きれいな □《つき》。

⑥ たなの □《うえ》。

⑦ かいだんの □《した》。

⑧ ほそい □《やま》みち。

⑨ □《め》じるしを つける。

3 ぶんを かきましょう。——は かんじで かきましょう。（ふとい じは、この かいで ならった かんじを つかった ことばです。）

① たかい **やま**から おりる。

□

② **き**の ちかくで やすむ。

□

③ **かわ**を ふねで わたる。

□

④ **め**を おおきく ひらく。

□

⑤ おかの **うえ**の いえ。

□

きほんのワーク

サラダで げんき

◆「よみかた」の あかい じは きょうかしょで つかわれて いる よみです。

きょうかしょ 下5～19ページ

こたえ 3ページ

べんきょうした日 月 日

サラダで げんき

中

おなじ くらい

よみかた

チュウ ジュウ

なか

中 中 中 中

4かく

8ページ

つかいかた

すい中《ちゅう》に もぐる。

せかい中《じゅう》の ひと。

いえの 中《なか》に はいる。

よんで みよう、かいて みよう。

① れいぞうこの 中（　　）。

② はこの 中（　　）。

③ □《なか》を みる。

④ へやの □《なか》に はいる。

大

はらう

よみかた

ダイ タイ

おお おおきい おおいに

大 大 大

3かく

8ページ

つかいかた

大《だい》うんどうかい。

大《おお》よろこびする。

ぞうの 大《おお》きな からだ。

よんで みよう、かいて みよう。

① 大（　　）ごえで さけぶ。

② 大（　　）きな おさら。

③ □《おお》いそぎで いく。

④ □《おお》きな 目。

入

はらう　はらう

8ページ

よみかた

ニュウ
いる　いれる　はいる

入入

2かく

つかいかた

いもうとが　入《にゅう》がくする。
きに　入《い》った　ぼうし。
かばんに　ほんを　入《い》れる。
へやに　入《はい》る。

ちゅうい

かたちと　かきかたに　きを　つけましょう。

入　1 みじかく　2 ながく

かんじの　あとの　ひらがなに　きを　つけましょう。

○ 入《い》れる—× 入《いれ》る
○ 入《はい》る—× 入《は》いる

よんで　みよう、かいて　みよう。

① ねこが　入(　　)って　くる。
② てに　入(　　)れる。
③ みせの　中に　□《はい》る。
④ ちいさな　□《い》れもの。

犬

わすれない　はらう

10ページ

よみかた

ケン
いぬ

犬犬犬犬

4かく

つかいかた

にほん犬《けん》を　かう。
かしこい　ばん犬《けん》。
かわいい　犬《いぬ》。
犬《いぬ》ごやを　つくる。

できかた

いぬの　かたちから　できました。

⇩

⇩
犬

かたちの　にて　いる　かんじに　きを　つけましょう。

犬《いぬ》—大《おおきい》

よんで　みよう、かいて　みよう。

① となりの　犬(　　)。
② 犬(　　)かきで　およぐ。
③ □《いぬ》が　ほえる。
④ のら　□《いぬ》が　いる。

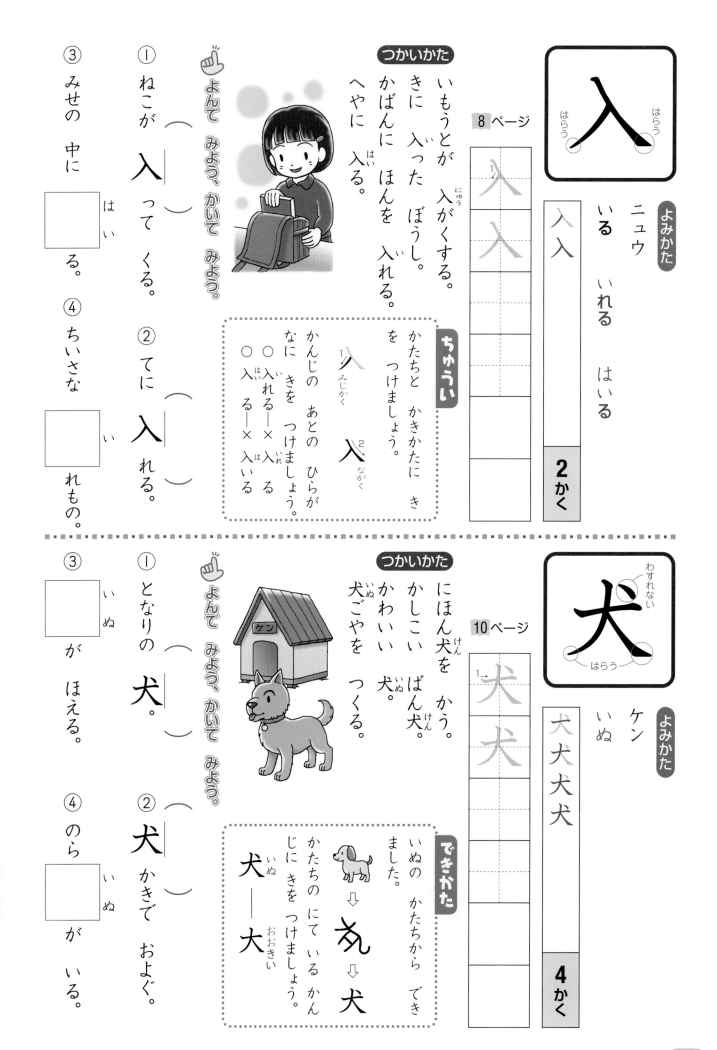

小

はらう　とめる　はねる

よみかた
ショウ
ちいさい
こ
お

3かく

12ページ

つかいかた

小《しょう》がっこうの　にわ。
小《ち》さな　ふねに　のる。
小《こ》とりの　さえずり。
小川《おがわ》の　ながれ。

できかた

ちいさな　三つの　てんで、ちいさい　ことを　しめします。

はんたいの　いみの　ことば
小《ち》さい　↕　大《おお》きい
小《こ》がた　↕　大《おお》がた

よんで　みよう、かいて　みよう。

① おとが　（小）さい。
② （小）さな　ねずみ。
③ □《ちい》さな　犬。
④ こえが　□《ちい》さい。

白

したを　みじかく

よみかた
ハク　（ビャク）
しろ　しら　しろい

5かく

14ページ

つかいかた

白《はく》ちょうが　とびたつ。
くろと　白《しろ》の　いし。
白《しら》なみが　うちよせる。
白《しろ》い　せんを　ひく。

ちゅうい

かたちの　にて　いる　かんじに　きを　つけましょう。
「白」に　「一」を　たすと　百《ヒャク》（67ページ）
「白」から　「ノ」を　ひくと　日《ひ》（41ページ）

よんで　みよう、かいて　みよう。

① （白）くまを　みる。
② あかと　（白）の　ひも。
③ □《しろ》ぐみが　かつ。
④ □《しろ》の　かばん。

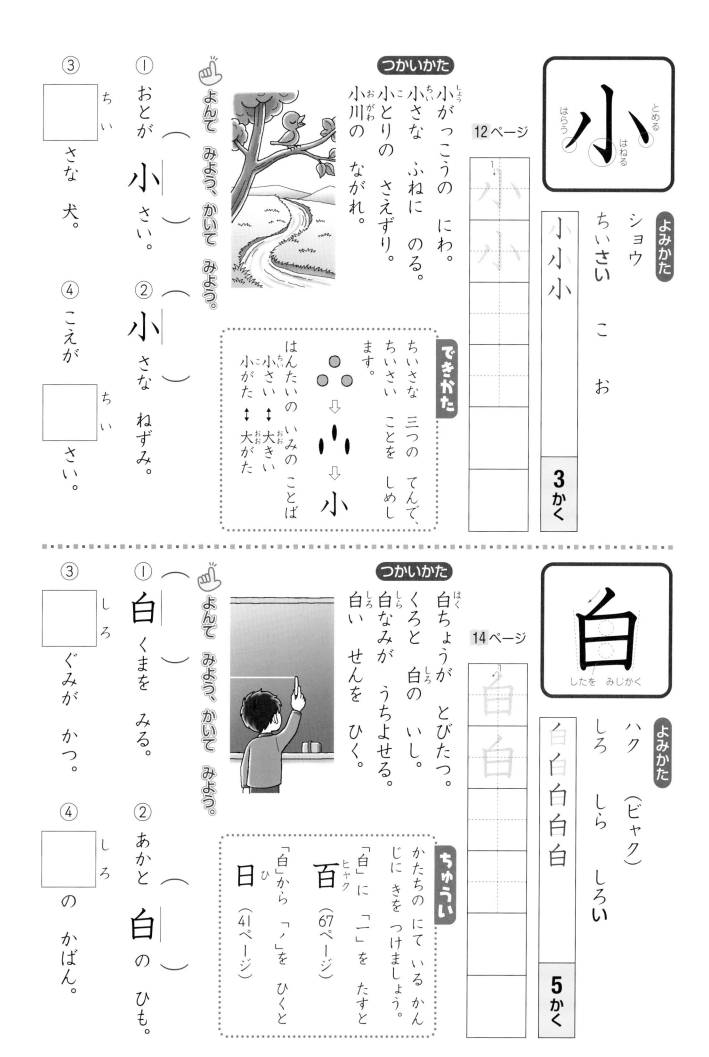

出

ながく　すこし　だす

よみかた

シュツ　（スイ）

でる　だす

出出出出出

5かく

14ページ

出出

つかいかた

八じに　出《しゅっ》ぱつする。

そとに　出《で》る。

みずを　出《だ》す。

大きな　こえを　出《だ》す。

おぼえよう

はんたいの　ことばを　おぼえましょう。

出⟷入

出《で》る↕入《はい》る

出《だ》す↕入《い》れる

よんで　みよう、かいて　みよう。

① とび出し　ちゅうい。（　　）

② いえを出る。（　　）

③ げんきを　□《だ》す。

④ ぼくの　□《で》ばん。

力

はらう　はねる

よみかた

リョク　リキ

ちから

力力

2かく

16ページ

力力

つかいかた

すい力《りょく》で　うごく。

力《りき》さくの　え。

力《ちから》を　あわせる。

力《ちから》づよい　みかた。

できかた

うでに　ちからを　入れた　ようすから　できました。

かたかなの　「カ」の　じと　よく　にて　いるので、よみまちがえないように　きを　つけましょう。

よんで　みよう、かいて　みよう。

① 力を　つける。（　　）

② 力づよく　はしる。（　　）

③ おとうさんは　□《ちから》もちだ。

④ □《ちから》だめし。

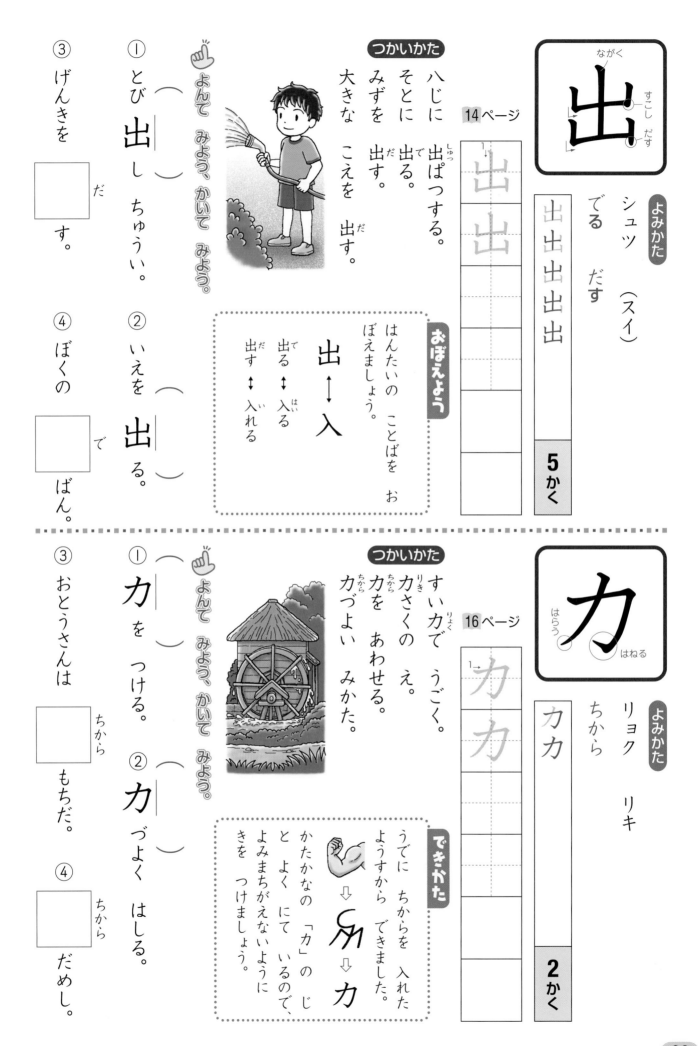

おはなしを　よもう

れんしゅうのワーク　サラダで　げんき

きょうかしょ　㊦5～19ページ

こたえ　3ページ

べんきょうした日　月　日

1 あたらしい　かんじを　よみましょう。

①（5ページ）中（　）を　みる。

② 大（　）きな　さら。

③ ねこが　へやに　入（　）る。

④ しおを　入（　）れる。

⑤ となりの　犬（　）。

⑥ 大（　）いそぎで　あるく。

⑦ 小（　）さな　すず。

⑧ ほっきょくの　白（　）くま。

⑨ こえを　出（　）す。

⑩ 力（　）づよく　かく。

⑪ そとに　出（　）る。

2 あたらしい　かんじを　かきましょう。

①（5ページ）れいぞうこの　□《なか》。

② □《おお》きな　もも。

③ ふろに　□《はい》る。

④ ハムを □《い》れる。

⑤ □《いぬ》の さんぽ。

⑥ □《おお》いそぎで つくる。

⑦ □《ちい》さな くつ。

⑧ □《しろ》くまの しゃしん。

⑨ はがきを □《だ》す。

⑩ □《ちから》が つよい。

⑪ いえから □《で》る。

3 ぶんを かきましょう。――は かんじで かきましょう。（ふとい じは、この かいで ならった かんじを つかった ことばです。）

① いえの **なか**から **で**る。

② **しろ**くまが うみに **はい**る。

③ **ちい**さな **いぬ**が はしる。

④ やまで **おお**ごえを **だ**す。

きほんのワーク

なにに　見《み》えるかな
よう日《び》と　日づけ

きょうかしょ　㊦30～37ページ

こたえ　4ページ

べんきょうした日　月　日

◆「よみかた」の　あかい　じは　きょうかしょで　つかわれて　いる　よみです。

なにに　見えるかな

見

よみかた
ケン
みる　みえる　みせる

見見見見見見見　7かく

30ページ

つかいかた

みせを　見《けん》がくする。
ほしを　見《み》る。
うみが　見《み》える。

よんで　みよう、かいて　みよう。

① まるが　目に（見）える。

② ようすを（見）る。

③ 山が □《み》える。

④ えを □《み》る。

先

よみかた
セン
さき

先先先先先先　6かく

30ページ

つかいかた

れつの　先《せん》とう。
先《せん》しゅうの　どようび。
するどい　やりの　先《さき》。

よんで　みよう、かいて　みよう。

①（先）とうの　ひと。

②（先）しゅうの　こと。

③ □《せん》ぞを　うやまう。

④ ゆう□《せん》せき。

生

ながく

よみかた
セイ　ショウ　いきる　いかす
いける　うまれる　うむ　（おう）
はえる　はやす　（き）　なま

生生生生生

5かく

30ページ

生
生

つかいかた
がっこうの　先生《せんせい》。
一《いち》ねん生《せい》に　なった。
ひとの　一生《いっしょう》。　生《い》きもの。
こどもが　生《う》まれる。

できかた
くさの　めが　はえ出た　ようすから　できました。

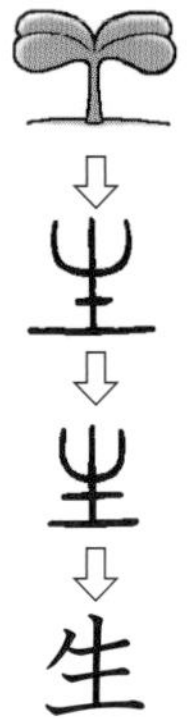

ひつじゅんにも　きを　つけましょう。

よんで　みよう、かいて　みよう。

① 先生（　　）に　なる。

② 二ねん　生（　　）。

③ 川の □（せい）ぶつ。

④ たのしい □（せい）かつ。

気

はらう　とめる　はねる

よみかた
キ　ケ

気気気気気気

6かく

35ページ

気
気

つかいかた
気《き》を　つける。
しんせんな　くう気《き》。
みず気《け》が　おおい。
ひとの　気《け》はいが　する。

ちゅうい
気　そって　上に　はねる
×て　×乙　○て
気（はらう）　気（とめる）

よんで　みよう、かいて　みよう。

① 気（　　）を　つける。

② 気（　　）もちが　いい。

③ いい　てん□（き）。

④ げん□（き）な　こども。

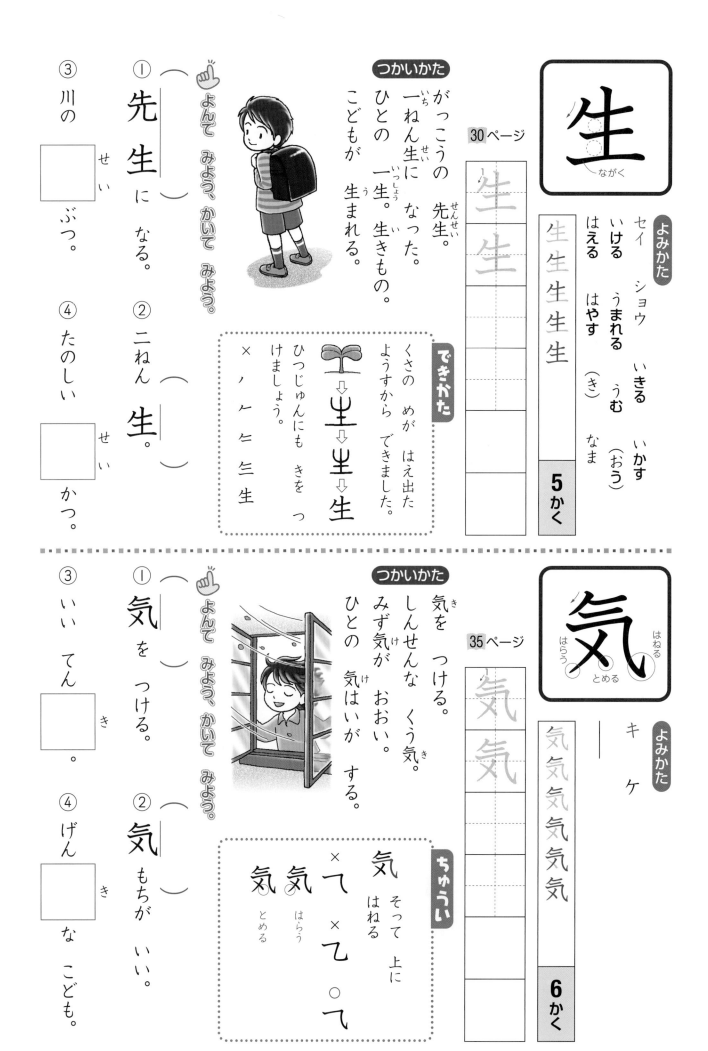

よう日《び》と　日づけ

日

36ページ

よみかた
ニチ　ジツ
ひ　か

日日日日

4かく

つかいかた

きょうは　日《にち》よう日《び》だ。
お日《ひ》さまが　のぼる。
三月三日《さんがつみっか》の　ひなまつり。

できかた

たいようの　かたちから
できました。

⇩ ⊙ ⇩ 日

「ひるま」や「一日《いちにち》」と
いう　いみも　ありま す。

よんで　みよう、かいて　みよう。

① こどもの　日。（　　）

② 日よう日。（　　）（　　）

③ お□《ひ》さまが　出る。

④ 二月四《がつよっ》□《か》。

火

36ページ

よみかた
カ
ひ　（ほ）

火火火火

4かく

つかいかた

火《か》じに　気を　つける。
火《か》よう日の　よてい。
たき火《び》に　あたる。
火《ひ》が　もえる。

できかた

ひが　もえて　いる　よう
すから　できました。

⇩ 火 ⇩ 火

ひつじゅんにも　気を　つ
けましょう。
×　ノ　人　火　火

よんで　みよう、かいて　みよう。

① 火じを　けす。（　　）

② ストーブの　火。（　　）

③ あかるい　たき□《び》。

④ □《か》よう日。

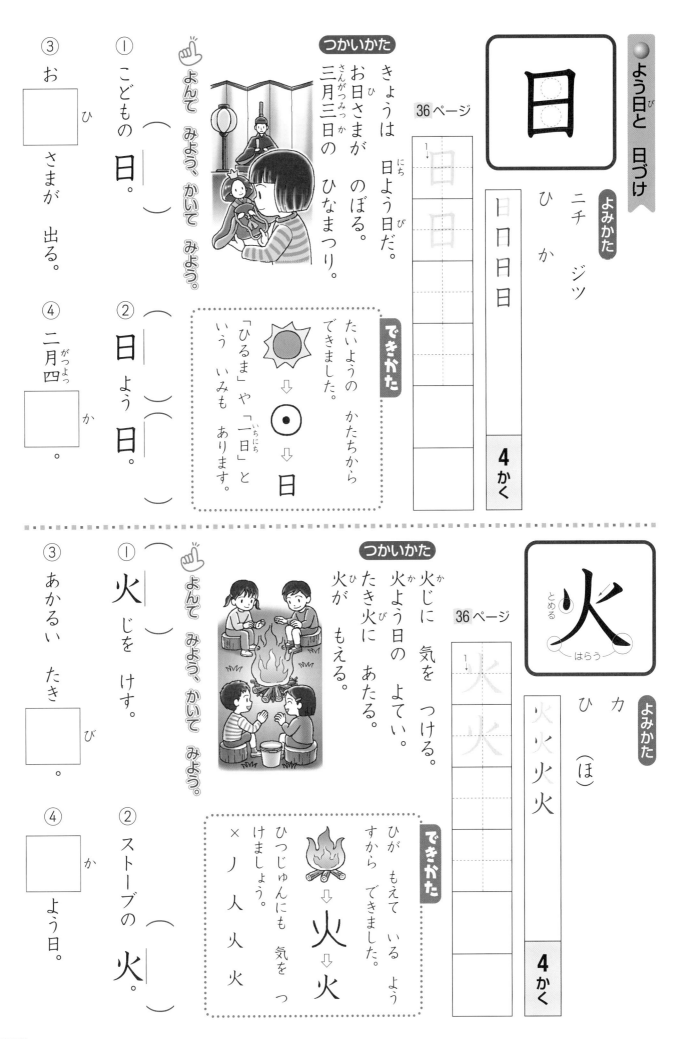

よみかた

スイ
みず

水 水 水 水

4かく

36ページ

水

水

つかいかた

水《すい》どうの じゃぐち。
水《すい》よう日の じかんわり。
つめたい 水《みず》を のむ。
水《みず》いろの えのぐ。

できかた

みずが ながれて いる ようすから できました。

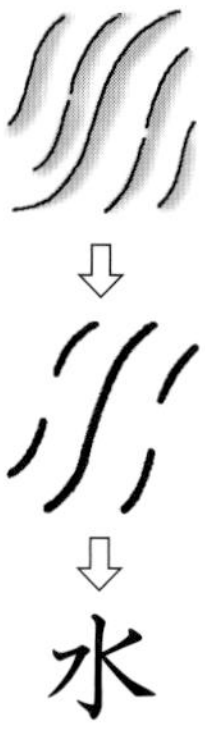

ひつじゅんにも 気を つけましょう。

× フ 才 水 水

よんで みよう、かいて みよう。

① おいしい 水（　　）。

② 水（　　）よう日。

③ □《みず》たまもよう。

④ ふん□《すい》。

よみかた

キン　コン
かね　かな

金 金 金 金 金 金 金 金

8かく

36ページ

金

金

つかいかた

ちょ金《きん》ばこ。
金《きん》よう日に なる。
お金《かね》を たいせつに する。
金《かな》ぐで とめる。

ちゅうい

金　全《ゼン》（三ねん）

「丷」が ないと、ちがう かんじに なります。気を つけましょう。

「丷」は、つちの 中に まじって いる ひかる つぶを あらわします。

よんで みよう、かいて みよう。

① 金（　　）よう日。

② お金（　　）を ためる。

③ □《きん》いろの かみ。

④ おつりの お□《かね》。

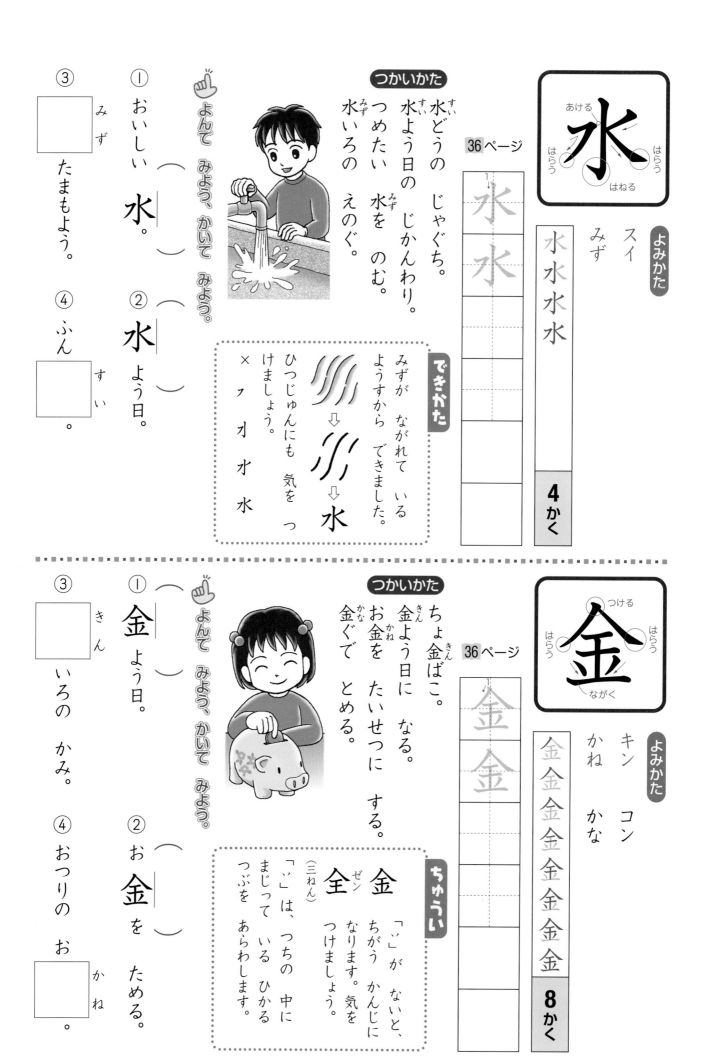

土

ながく

よみかた

ド　ト
つち

土土土

3かく

36ページ

つかいかた

ねん土《ど》で　あそぶ。
土《ど》よう日に　出かける。
土《と》ちを　たがやす。
土《つち》を　ほる。

できかた

つちを　まるめて　たてた　ようすから　できました。

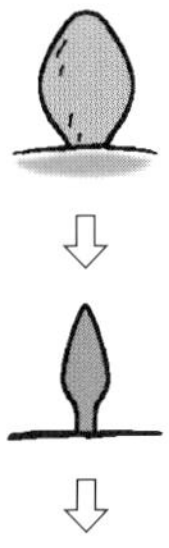

土

ぜんたいの　かたちに　気を　つけましょう。

よんで　みよう、かいて　みよう。

① 土よう日。（　　）

② かわいた　土。（　　）

③ □《ど》きを　見つける。

④ はたけの　□《つち》。

よみかえの　かんじ

ページ	かんじ	れい
36	月《ゲツ》	月《げつ》よう日《び》
36	木《モク》	木《もく》よう日《び》
37	三《み(みっ)》	三日《みっか》
37	日《か》	三日《みっか》
37	五《いつ》	五日《いつか》
37	六《むい》	六日《むいか》
37	七《なの》	七日《なのか》
37	八《よう》	八日《ようか》
37	九《ここの》	九日《ここのか》
37	月《ガツ》	なん月《がつ》

とくべつな　よみかたの　かんじ

ページ	かんじ	よみかた
37	一日	ついたち
37	二日	ふつか
37	二十日	はつか

二かいずつ　かいて　れんしゅうしよう

見える　先生　日よう日　たき火　お金

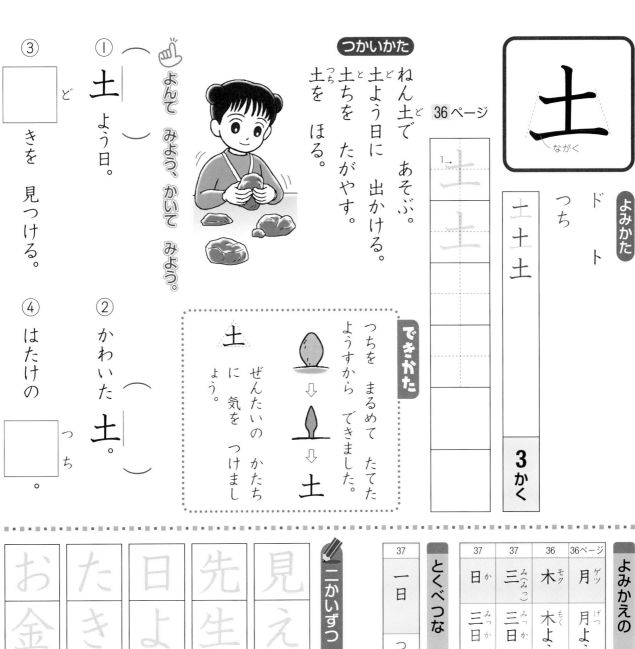

れんしゅうのワーク　なにに　見えるかな　よう日と　日づけ

きょうかしょ　㊦30〜37ページ

こたえ　4ページ

べんきょうした日　月　日

1 あたらしい　かんじを　よみましょう。

① 30ページ ちょうに　見（　）える。

② 先生（　）と　はなす。

③ 気（　）を　つける。

④ 36ページ 日（　）よう　日（　）。

⑤ 月（　）ようと　火（　）よう。

⑥ たき　火（　）に　あたる。

⑦ つめたい　水（　）。

⑧ 水（　）ようと　木（　）よう。

⑨ お　金（　）を　つかう。

⑩ 金（　）ようと　土（　）よう。

⑪ かだんの　土（　）。

⑫ 一月　一日（　）と　二日（　）。

⑬ 三月　三日（　）と　五日（　）。

⑭ 六月　六日（　）と　七日（　）。

⑮ 八月　八日（　）と　九日（　）。

⑯ 十月　二十日（　）。

⑰ なん　月（　）なん日。

2 あたらしい かんじを かきましょう。

① 30ページ うみが □《み》える。

② □□《せんせい》に おそわる。

③ よく □《き》が つく。

④ 36ページ □《にち》よう□《び》。

⑤ □《げつ》ようと □《か》よう。

⑥ たき□《び》を けす。

⑦ □《みず》を のむ。

⑧ □《すい》ようと □《もく》よう。

⑨ お□《かね》を ためる。

⑩ □《きん》ようと □《ど》よう。

⑪ □《つち》を たがやす。

⑫ □□《ついたち》と □□《ふつか》。

⑬ □□《みっか》と □□《いつか》。

⑭ □□《むいか》と □□《なのか》。

⑮ □□《ようか》と □□《ここのか》。

⑯ 三月 □□□《はつか》。

⑰ なん□《がつ》 なん日。

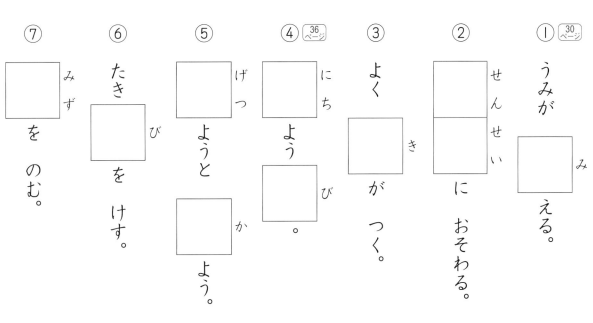

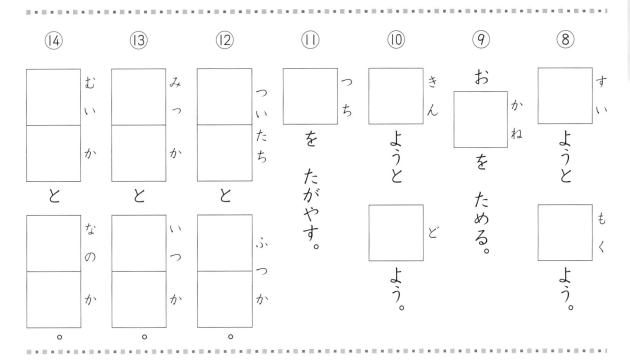

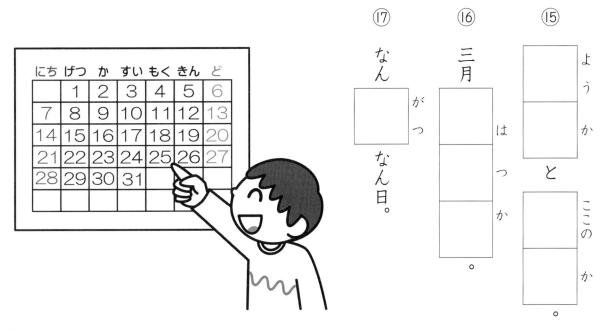

きほんのワーク

はっけんしたよ／ひらがなを つかおう1 いろいろな ふね／「のりものカード」を つくろう すきな きょうかを はなそう

きょうかしょ ㊦38～61ページ

こたえ 4ページ

べんきょうした日 月 日

はっけんしたよ

花

はらう はねる とめる まげる

よみかた カ はな

38ページ

花花花花花花花

7かく

つかいかた

花《か》びんに 花《はな》を さす。
花《はな》が さく きせつ。
山は 花《はな》ざかりです。

よんで みよう、かいて みよう。

① にわに 花（　　）が さく。

② 花（　　）びらが ちる。

③ □《はな》たばを おくる。

④ 小さな □《はな》。

◆「よみかた」の あかい 字は きょうかしょで つかわれて いる よみです。

文

まっすぐ はらう

よみかた ブン モン （ふみ）

38ページ

文文文文

4かく

つかいかた

文《ぶん》しょうを よむ。
文《ぶん》を かく。
てん文《もん》がくしゃに なる。

よんで みよう、かいて みよう。

① 文（　　）しょうを かく。

② 文（　　）ぼうぐ。

③ □《ぶん》しゅうづくり。

④ さく□《ぶん》ようし。

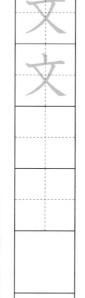

音

まっすぐ
ながく

よみかた
オン　（イン）
おと　ね

音音音音音音音音音

9かく

39ページ

つかいかた
音《おん》どくを　する。
ドアを　たたく　音《おと》。
もの音《おと》が　する。
むしの　音《ね》を　きく。

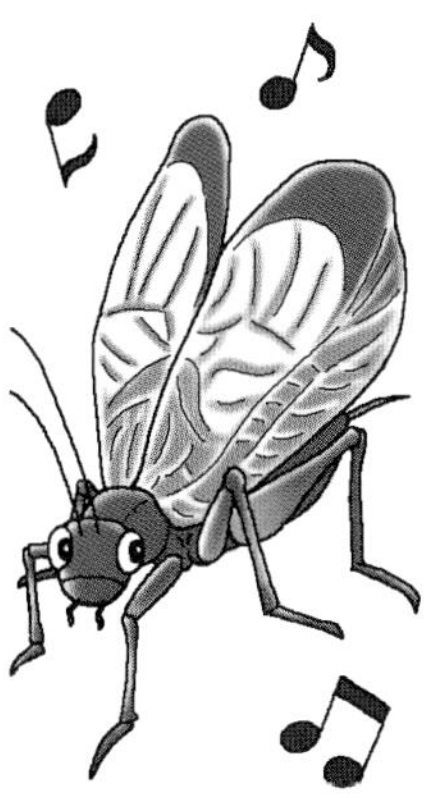

ちゅうい
音　音

「立」と「日」を　おなじくらいの　大きさで　かきます。
「立」の　下の　よこぼうは、ながく　かきます。

よんで　みよう、かいて　みよう。
① ひこうきの　音（　　）。
② 音（　　）が　きこえる。
③ □《おと》を　きく。
④ あし□《おと》が　する。

町

はねる

よみかた
チョウ
まち

町町町町町町町

7かく

41ページ

つかいかた
町《ちょう》ないの　大そうじ。
町《ちょう》ちょうを　えらぶ。
町《まち》の　ことを　しらべる。
小さい　町《まち》。

おぼえよう
「町《まち》」は、「村《むら》」（64ページ）よりも　すんで　いる　人《ひと》が　おおい　ところを　さします。
また、「○○町△ちょうめ」のように、すむ　ところを　しめす　ときにも　つかいます。

よんで　みよう、かいて　みよう。
① みなと町（　　）に　すむ。
② 町（　　）に　出る。
③ ふるい□《まち》なみ。
④ となり□《まち》に　いく。

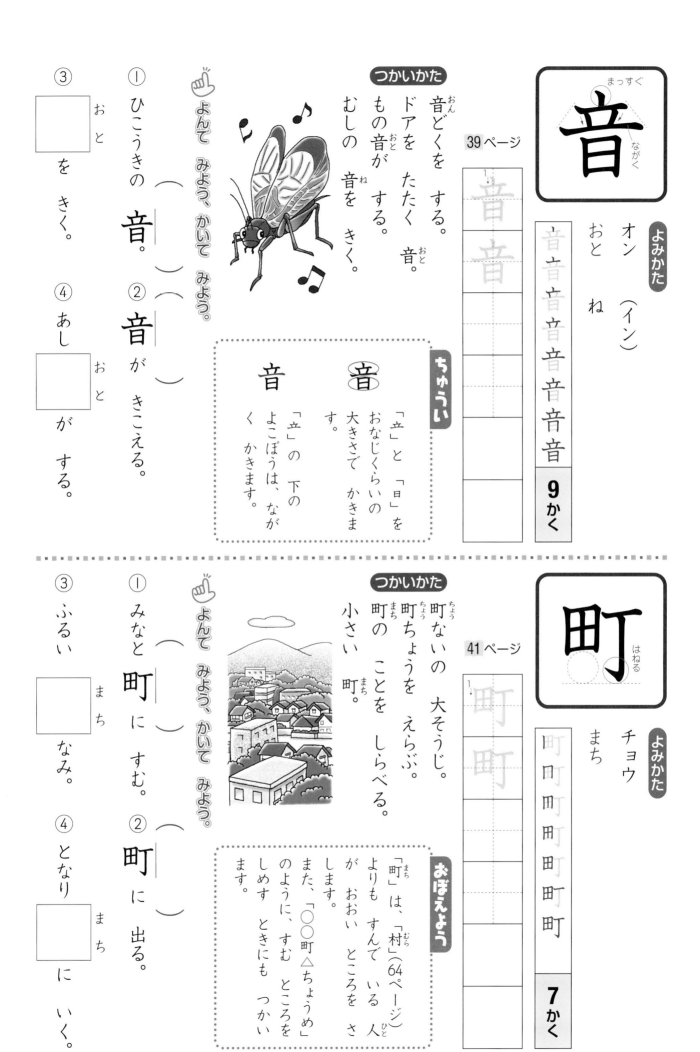

ひらがなを つかおう1

字

まっすぐ　とめる　はねる

42ページ

よみかた　ジ　（あざ）

字字字字字字

6かく

字
字

つかいかた

ただしい 字《じ》を かく。
かん字《じ》を ならう。
すう字《じ》を かく。

ちゅうい

まっすぐ
○字　×宀　てん

「宀」を ただしく かけるように しましょう。
「宀」が「⺍」に なると「学《がく》」(50ページ)に なるので、気を つけましょう。

よんで みよう、かいて みよう。

① きれいな 字（　　）。
② すう 字（　　）を かく。
③ □《じ》を かく。
④ かん□《じ》を よむ。

いろいろな ふね

人

はらう　はらう

44ページ

よみかた　ジン　ニン　ひと

人人

2かく

人
人

つかいかた

ゆう人《じん》が できる。
人《にん》げんと どうぶつ。
人《ひと》が あるく。

できかた

ひとが たって いる かたちから できました。

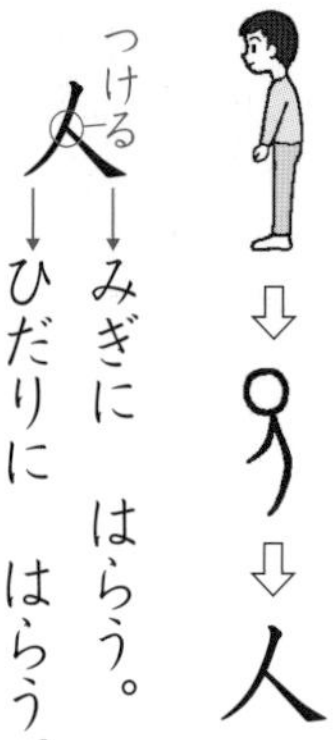

よんで みよう、かいて みよう。

① 人（　　）を はこぶ ふね。
② おんなの 人（　　）。
③ □《ひと》が ならぶ。
④ □《ひと》が あつまる。

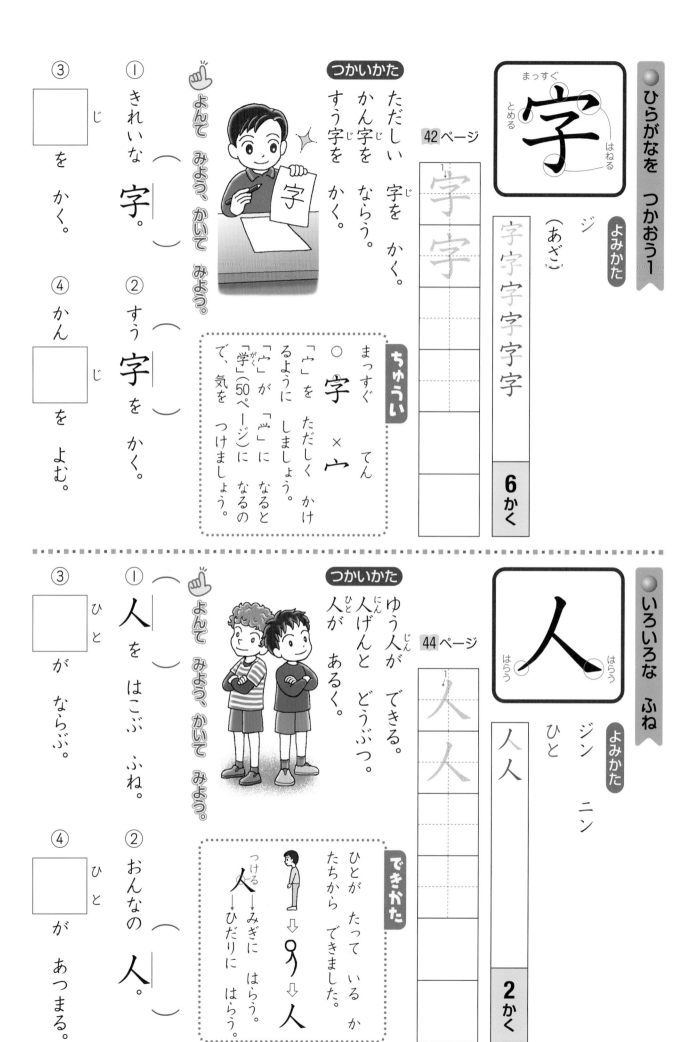

休

はらう　はらう　とめる

よみかた

キュウ

やす**む**　やす**まる**　やす**める**

休 休 休 休 休 休

6かく

44ページ

休 休

つかいかた

こうえんで 休《きゅう》けいする。
ならいごとを 休《やす》む。
気もちが 休《やす》まる。
からだを 休《やす》める。

できかた

人が 木の かげで やすんで いる ようすから できました。

人　木
⇩
休

よんで みよう、かいて みよう。

① へやで 休（　　）む。
② がっこうを 休（　　）む 日。
③ すこし □《やす》む。
④ なつ □《やす》み。

車

ながく

よみかた

シャ

くるま

車 車 車 車 車 車 車

7かく

46ページ

車 車

つかいかた

じどう車《しゃ》の れつ。
しずかな 車《しゃ》ない。
車《くるま》に のる。
あたらしい 車《くるま》。

できかた

人や にもつを のせる くるまの かたちから できました。

⇩
車

たてぼうは さいごに まっすぐに かきます。

よんで みよう、かいて みよう。

① ひろい 車（　　）こ。
② 車（　　）が はしる。
③ じどう □《しゃ》。
④ かざ □《ぐるま》を まわす。

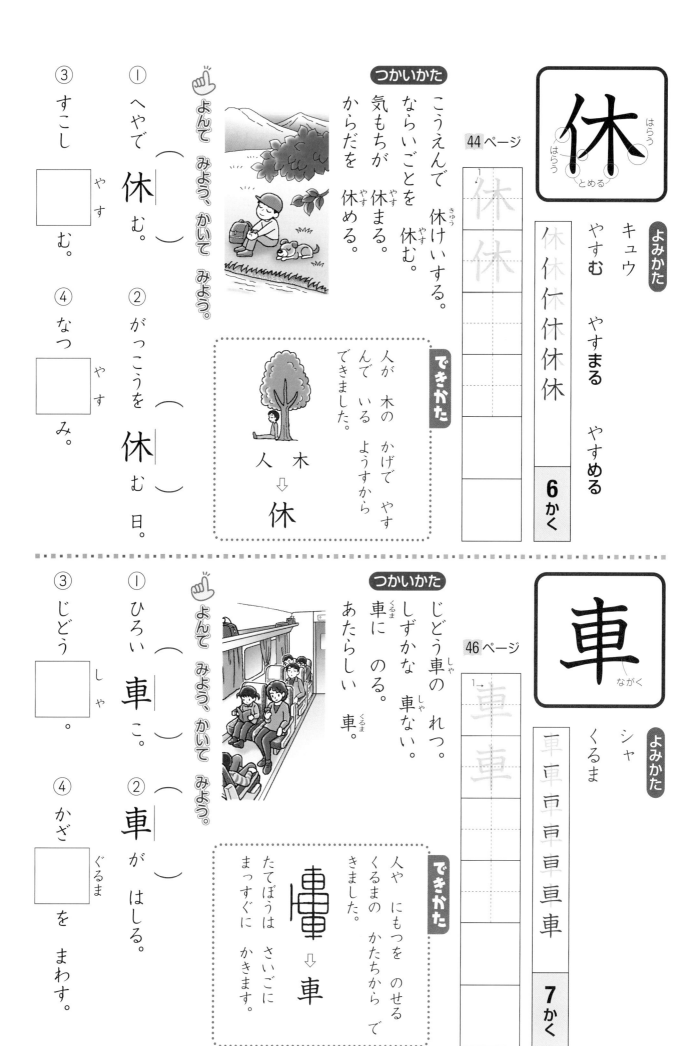

「のりものカード」を つくろう

本

はらう　はらう　とめる

よみかた　ホン　もと

本 本 本 本 本

5かく

52ページ

つかいかた

たのしい 本《ほん》を よむ。
四本《よんほん》の ふとい はしら。
本《もと》を ただす。

できかた

木の ねもとに しるしを つけた かたちから できました。

⇩ 木 ⇩ 本

本　ここを とると　木

よんで みよう、かいて みよう。

① 本を（　　）かう。

② 本を（　　）よむ。

③ □《ほん》やに いく。

④ □□《いっぽん》の 木。

すきな きょうかを はなそう

学

とめる　はねる

よみかた　ガク　まなぶ

学 学 学 学 学 学 学 学

8かく

58ページ

つかいかた

学《がっ》こうの ともだち。
げん気な しょう学生《がくせい》。
先生から 学《まな》ぶ。

ちゅうい

学　×学

かたかなの「ツ」を かくように かきましょう。「字」と かたちが よく にて いるので、気を つけましょう。

よんで みよう、かいて みよう。

① しょう（学生。）

② 学（　　）こうに いく。

③ つう□《がく》ろを あるく。

校

みじかく とめる
とめる
はらう
とめる
はらう

よみかた

コウ

校 校 校 校 校 校 校 校 校 校

10かく

58ページ

つかいかた

学校《がっこう》に かよう。

校《こう》ていで あそぶ。

校《こう》もんを とおる。

校《こう》ちょう先生の あいさつ。

ちゅうい

木 みじかく して とめる

「校」の ひだりの 「木」は、「木」とは かたちが ちがいます。

ほかに 「村《むら》」(64ページ)や 「林《はやし》」(74ページ)なども 「木」の つく かん字です。

よんで みよう、かいて みよう。

① げん気よく （校）かを うたう。

② □□《がっこう》へ いく。

③ ひろい □《こう》てい。

よみかえの かん字

38ページ

生《い》きる

生《い》きもの

46

車《くるま》

車《くるま》に のる

60

音《オン》

音《おん》どく

二かいずつ かいて れんしゅうしよう

花や木

文しょう

音がする

町のなか

字をかく

人が休む

じどう車

学校

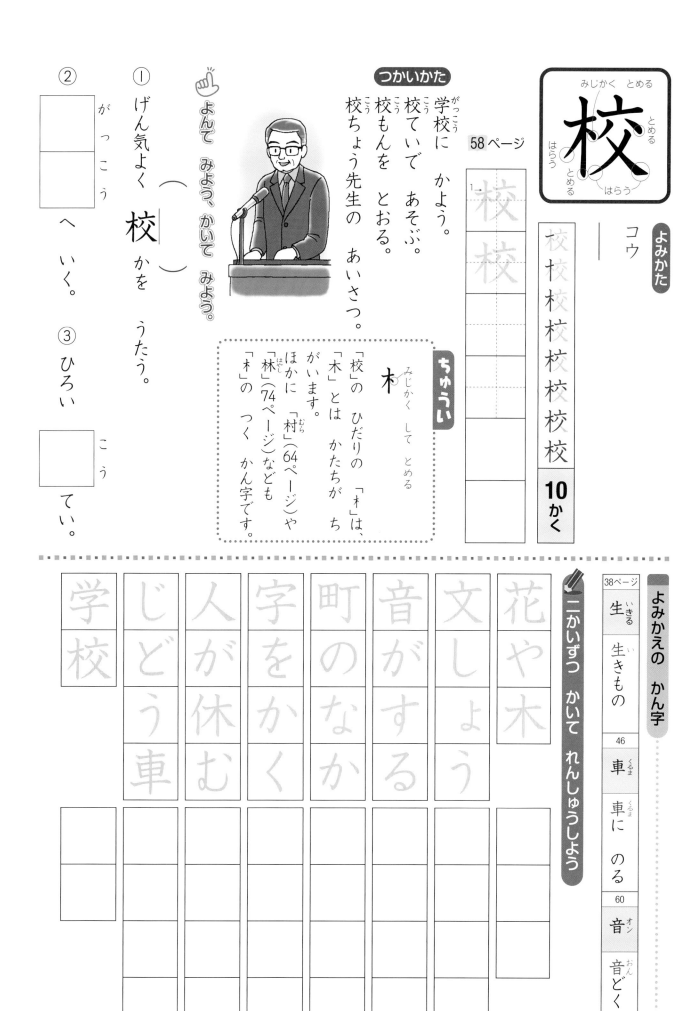

ふねの　せつめいを　よもう

れんしゅうのワーク

はっけんしたよ／ひらがなを　つかおう1
いろいろな　ふね／「のりものカード」を　つくろう
すきな　きょうかを　はなそう

きょうかしょ　㊦38～61ページ
こたえ　4ページ

べんきょうした日　月　日

1 あたらしい　かんじを　よみましょう。

① 38ページ 花（　　）が　さく。
② 生（　　）きものの　ようす。
③ 文（　　）しょうに　かく。
④ 音（　　）が　きこえる。
⑤ 町（　　）に　ある　こうえん。

⑥ 42ページ ただしい　字（　　）。
⑦ 43ページ 人（　　）を　のせる。
⑧ へやで　休（　　）む。
⑨ じどう　車（　　）に　のる。
⑩ 車（　　）を　とめる。

⑪ 52ページ のりものの　本（　　）。
⑫ 58ページ 学校（　　）に　いく。
⑬ 音（　　）どくを　する。
⑭ 花火（　　）が　あがる。
⑮ ひる　休（　　）み。

2 あたらしい　かんじを　かきましょう。

① 38ページ □《はな》を そだてる。

② うみの □《い》きもの。

③ □《ぶん》しょうを よむ。

④ たいこの □《おと》。

⑤ 大きな □《まち》。

⑥ 42ページ □《じ》を おぼえる。

⑦ 43ページ □《ひと》が あつまる。

⑧ ゆっくり □《やす》む。

⑨ 白い じどう □《しゃ》。

⑩ □《くるま》が はしる。

⑪ 52ページ □《ほん》の ひょうし。

⑫ 58ページ ぼくたちの □□《がっこう》。

⑬ □《おん》どくの れんしゅう。

3 もういちど あたらしい かんじを かきましょう。

① □《くるま》が とまる。

② ながい □《ぶん》しょう。

③ □《やす》みじかん。

④ きれいな □《はな》たば。

⑤ □《い》きものの ずかん。

⑥ 大きな □《おと》が する。

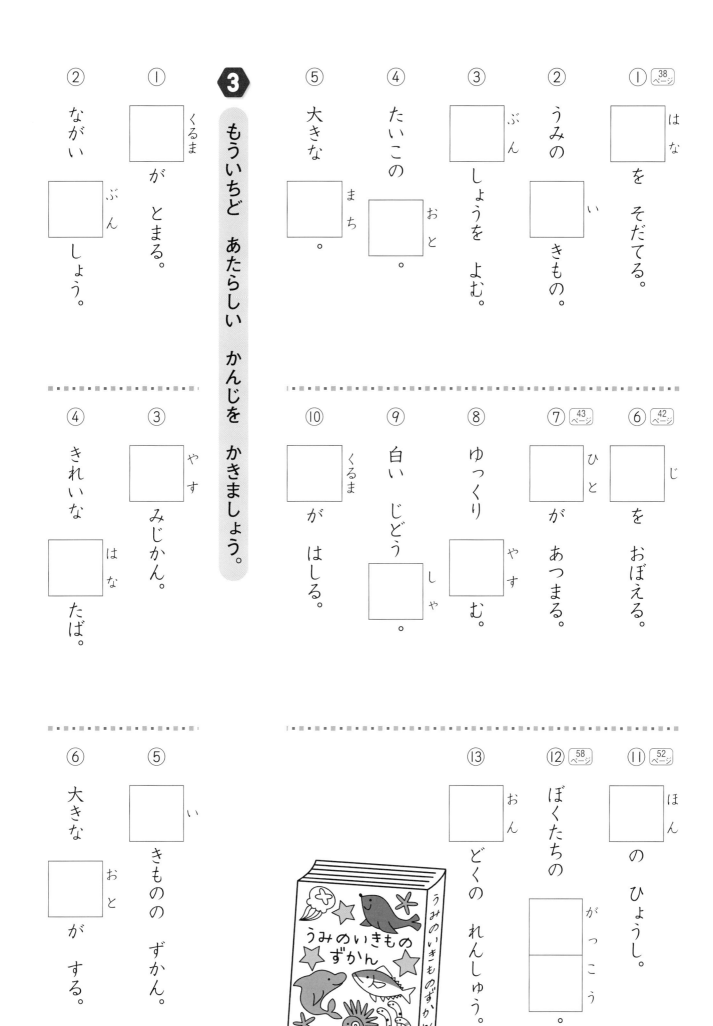

おとうとねずみ チロ／かん字を つかおう1

すきな おはなしは なにかな

きょうかしょ 下69〜85ページ

こたえ 4ページ

べんきょうした日　月　日

◆「よみかた」の あかい 字は きょうかしょで つかわれて いる よみです。

おとうとねずみ チロ

手

よみかた
シュ
て （た）

手手手手
4かく

70ページ

つかいかた
あく手《しゅ》を する。
手《て》がみを かく。
手《て》を あらう。

よんで みよう、かいて みよう。

① 手（　　）がみが とどく。
② 手（　　）を あらう。
③ □《て》を あげる。
④ □□《てほん》を うつす。

赤

よみかた
セキ （シャク）
あか あかい あからむ あからめる

赤赤赤赤赤赤赤
7かく

71ページ

つかいかた
赤《せき》どうの ちかくの くに。
赤《あか》と 白に わける。
赤《あか》い ばらの 花。

よんで みよう、かいて みよう。

① 赤（　　）の かばん。
② 赤（　　）いろに ぬる。
③ □《あか》しんごう。
④ □《あか》と くろの もよう。

青

ながく はねる とめる

よみかた
セイ （ショウ）
あお あおい

青青青青青青青青
8かく

71ページ

つかいかた

さわやかな 青《せい》ねん。
赤と 青《あお》の けいと。
青《あお》しんごうで すすむ。
青《あお》い ふくを きる。

おぼえよう

「青」には、「わかい」と いう いみも あります。

青《せい》ねん
青《せい》しゅん
青《あお》ば

よんで みよう、かいて みよう。

① 青（　　）の ぼうし。
② 白と 青（　　）の しま。
③ □《あお》ばが しげる。
④ □《あお》いろの クレヨン。

名

みじかく はらう ながく はらう したを みじかく

よみかた
メイ ミョウ
な

名名名名名名
6かく

72ページ

つかいかた

ゆう名《めい》な かしゅ。
だんしが 十名《じゅうめい》 いる。
本名《ほんみょう》を 名《な》のる。
名《な》まえを よぶ。

できかた

夕《ゆう》がたの くらく なった ときに、だれだか わかる ように、じぶんの なまえ を なのった ことから できました。

夕 がた ＋ 口 でいう ＝ 名

よんで みよう、かいて みよう。

① あにの 名（　　）まえ。
② 名（　　）ふだを つける。
③ 花の □《な》まえ。
④ □《な》ふだに かく。

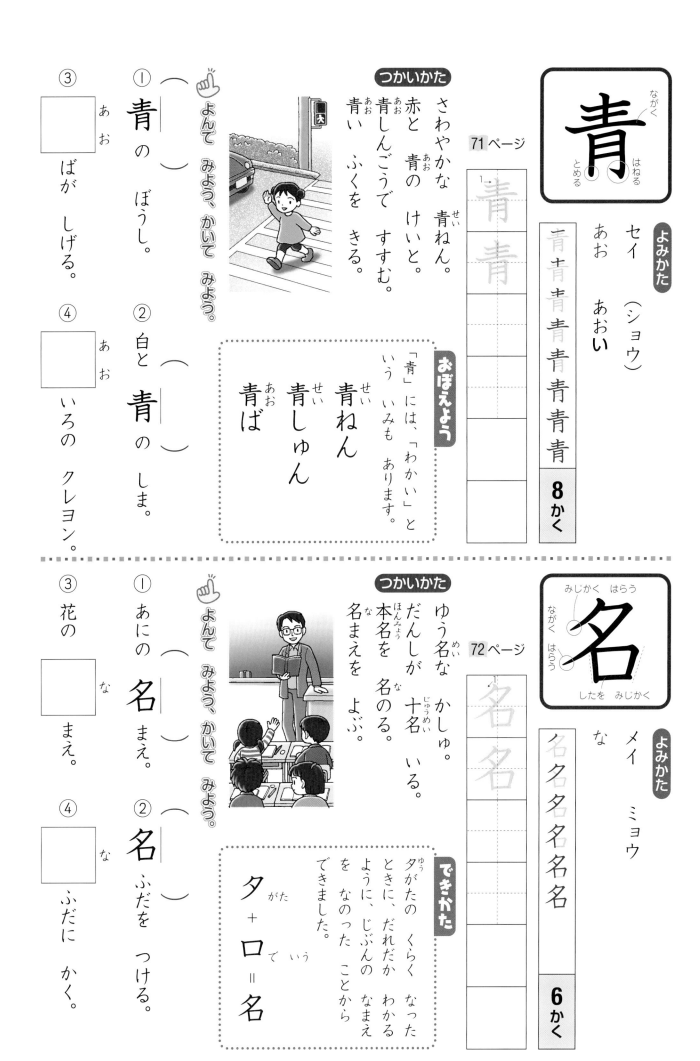

よみかた
リツ　（リュウ）
たつ　たてる

立立立立立

5かく

74ページ

つかいかた

立《りっ》たいこうさてん。
市立《しりつ》の　びょういん。
ちょうじょうに　立《た》つ。
はたを　立《た》てる。

できかた

人が　たって　いる　かたちから　できました。

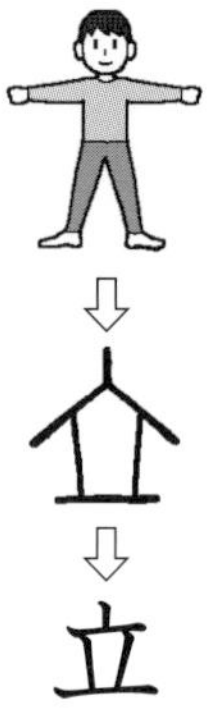

たてものなどには　べつの　字を　つかいます。
×　いえが　立《た》つ。

よんで　みよう、かいて　みよう。

① げんかんに　立（　）つ。
② 立（　）ち入りきんし。
③ 先とうに　□《た》つ。
④ とつぜん　□《た》ち上《あ》がる。

よみかた
コウ　ク
くち

口口口

3かく

76ページ

つかいかた

じん口《こう》を　しらべる。
はげしい　口《く》ちょう。
大きく　口《くち》を　あける。
口《くち》げんかを　する。

できかた

くちの　かたちから　できました。

かく　ときは　四かいでは　なく、三かいで　かくことに　気を　つけましょう。

よんで　みよう、かいて　みよう。

① 口（　）ぶえ。
② 口（　）を　ひらく。
③ 大きな　□《くち》。
④ □《くち》を　ゆすぐ。

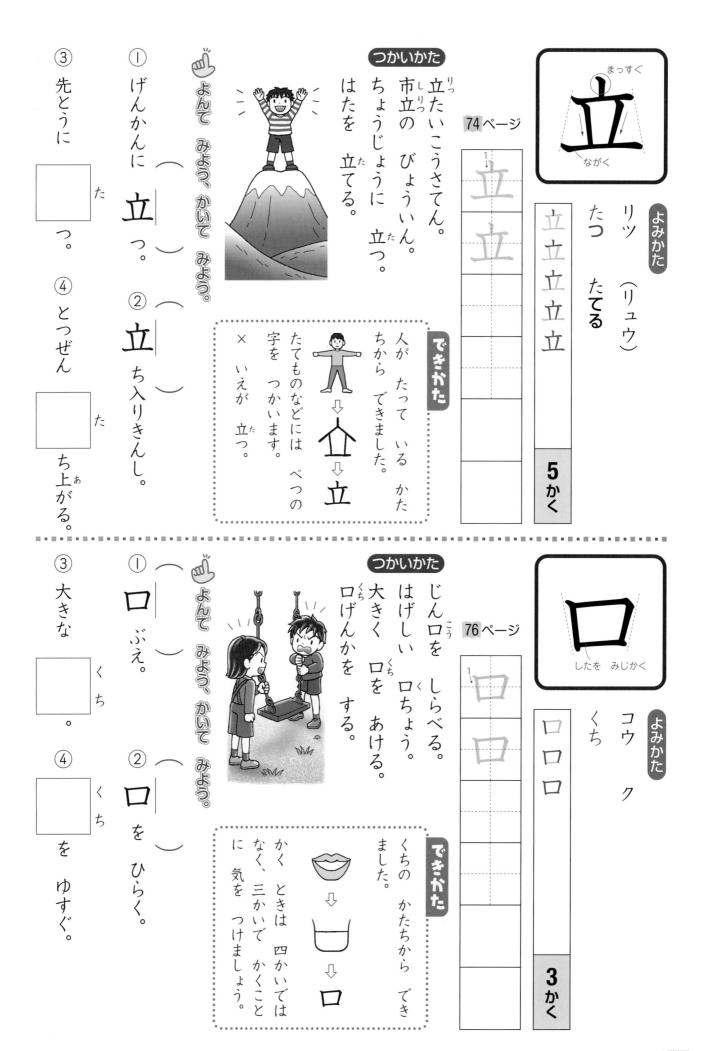

耳

つきだす
ながく
ななめに はらう

よみかた
(ジ)
みみ

耳 耳 耳 耳 耳 耳

6かく

77ページ

つかいかた

耳《みみ》を すます。
パンの 耳《みみ》を たべる。
きれいな 耳《みみ》かざり。
耳《みみ》に たこが できる。

できかた

みみの かたちから できました。

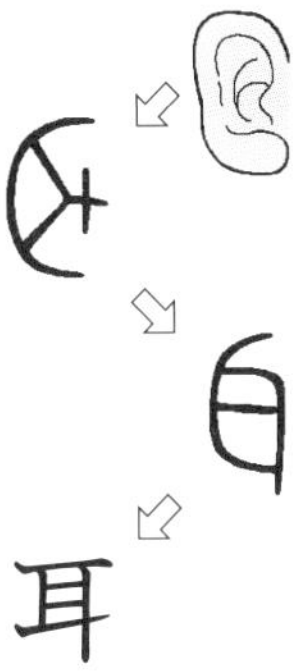

ひつじゅんに 気を つけましょう。
× 一 丅 丌 耳 耳

よんで みよう、かいて みよう。

① うさぎの ながい 耳。（　　）
② 耳を ふさぐ。（　　）
③ みぎ □《みみ》。
④ □《みみ》 たぶが 大きい。

女

すこし だす
はらう
とめる

よみかた
ジョ （ニョ） （ニョウ）
おんな （め）

く 女 女

3かく

83ページ

つかいかた

女子《じょし》の かずが おおい。
女《おんな》の 人が いる。
女《おんな》の 赤ちゃん。

ちゅうい

かきじゅんに きを つけましょう。
○ く 女 女
× 一 七 女

よんで みよう、かいて みよう。

① 女の きょうだい。（　　）
② 女の 先生。（　　）
③ □《おんな》 と おとこ。
④ □《おんな》 の 人。

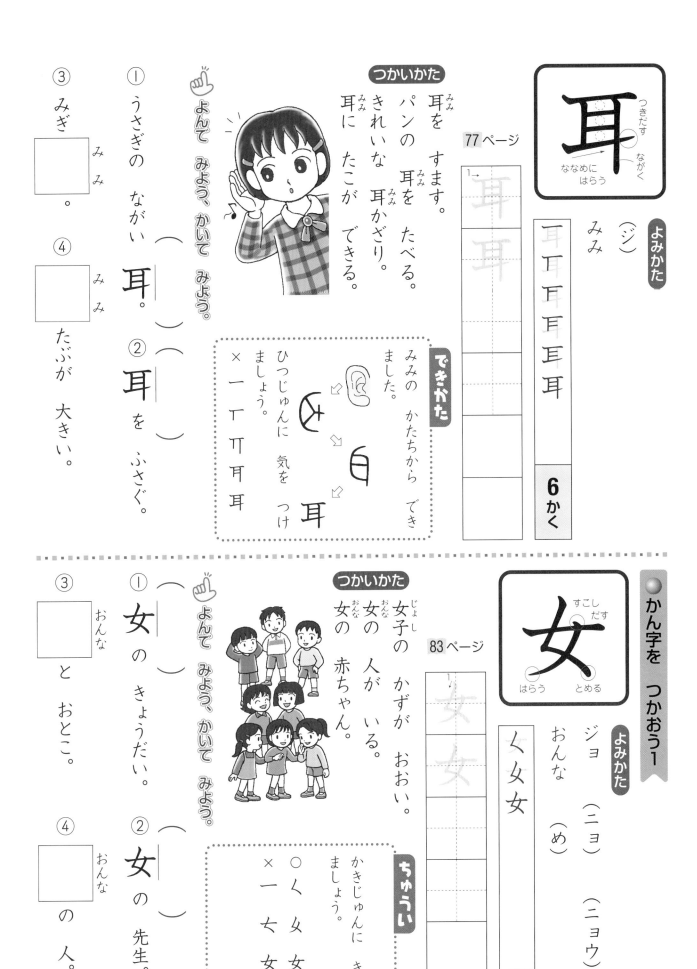

子

よみかた

シ　ス

こ

子子子

3かく

83ページ

子　子

つかいかた

女子《じょし》と　あそぶ。

まわりの　様子《ようす》を　見る。

げん気な　女《おんな》の子《こ》。

かわいい　子犬《こいぬ》。

できかた

あかちゃんの　すがたから　できました。

⇩ ⇩ 子

三かいで　かく　ことに　気を　つけましょう。

×　了　子

よんで　みよう、かいて　みよう。

①　女の　子（　　）と　はなす。

②　子（　　）どもたち。

③　□□《こいぬ》が　うまれる。

④　□《こ》もりうた。

男

よみかた

ダン　ナン

おとこ

男男男男男男男

7かく

83ページ

男　男

つかいかた

男子《だんし》が　あつまる。

ぼくは　ちょう男《なん》です。

男《おとこ》の子が　立って　いる。

男《おとこ》の　人《ひと》が　はなす。

できかた

「田」と「力」を　あわせて　できました。

田＋力＝男

よんで　みよう、かいて　みよう。

①　町の　男（　　）の子。

②　男（　　）の　先生。

③　□《おとこ》の　きょうだい。

④　□《おとこ》の　人。

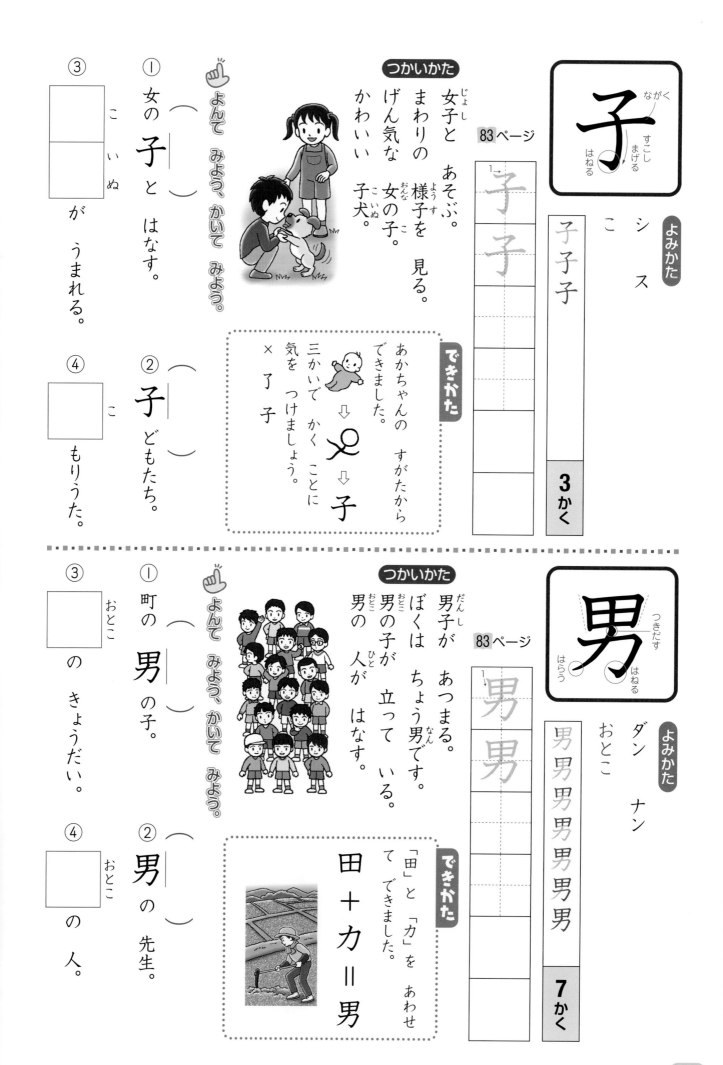

すきな　おはなしは　なにかな

年

うえと　したに　ながく　つける

よみかた

ネン

とし

年年年年年年

6かく

85ページ

年 年

つかいかた

一年《いちねん》一くみ。

おなじ　学年《がくねん》の　人。

年上《としうえ》の　ともだち。

ちゅうい

ひつじゅんを　ただしく　おぼえましょう。

×　ノ　𠂉　⺧　⺧　年

年《ネン/とし》　月《ゲツ/つき》　よみかたが　二つ　あります。

よんで　みよう、かいて　みよう。

① 十年ごの　こと。（　　）

② らい年の　カレンダー。（　　）

③ [いちねん]　二くみ。

④ [ねん]　がじょう。

よみかえの　かん字

76ページ	77
上《あ》げる	小《こ》
はり上《あ》げる	小《こ》づつみ

79	85
人《ジン》	名《メイ》
人《じん》ぶつ	だい名《めい》

二かいずつ　かいて　れんしゅうしよう

手がみ　赤と青　名まえ　立つ　口と耳　女の子　男の人　一年

こえに　出して　よもう

れんしゅうの　ワーク

おとうとねずみ　チロ／かん字を　つかおう1
すきな　おはなしは　なにかな

きょうかしょ　㊦69～85ページ

こたえ　5ページ

べんきょうした日　月　日

1 あたらしい　かん字を　よみましょう。

① 69ページ　（　）手がみを　よむ。

② （　）赤の　リボン。

③ （　）青の　クレヨン。

④ おとうとの　（　）名まえ。

⑤ おかに　（　）立つ。

⑥ こえを　はり　（　）上げる。

⑦ （　）口を　あける。

⑧ （　）耳を　かたむける。

⑨ （　）小づつみが　とどく。

⑩ （　）人ぶつの　ことば。

⑪ 83ページ　（　）女の　（　）子の　こえ。

⑫ （　）男の　人。

⑬ 84ページ　（　）一年　三くみ。

⑭ 本の　だい　（　）名を　かく。

2 あたらしい　かん字を　かきましょう。

① 69ページ うれしい □《て》がみ。

② □《あか》の テープ。

③ しんごうの □《あお》。

④ □《な》まえを よぶ。

⑤ まっすぐ □《た》つ。

⑥ こえを はり□《あ》げて いう。

⑦ 大きな □《くち》。

⑧ ぞうの □《みみ》。

⑨ □《こ》づつみを ひらく。

⑩ □《じん》ぶつの 気もち。

⑪ 83ページ □《おんな》の □《こ》の くつ。

⑫ □《おとこ》の 先生。

⑬ 84ページ □□《いちねん》の きょうしつ。

⑭ さく文の だい□《めい》。

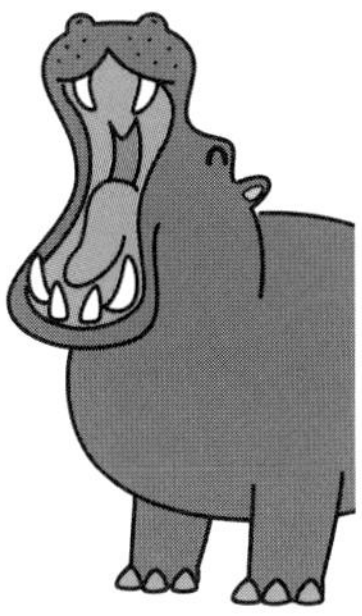

3 かん字を つかおう

これまでに ならった かん字を かきましょう。

① ある □《ひ》の こと。

② □《やま》が 見える。

③ えんぴつが □《いっ》本。

④ □《かわ》の 水を くむ。

⑤ □《なな》さいに なる。

⑥ □《よん》ばん目に ならぶ。

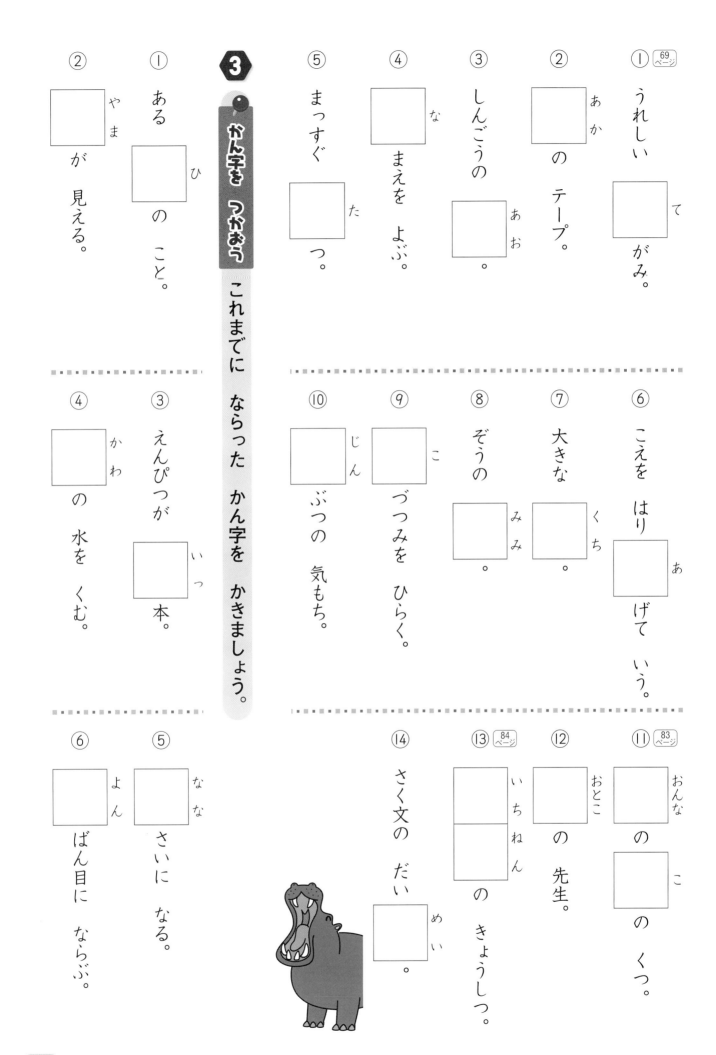

ふゆ休み まとめのテスト

きょうかしょ 上114〜下85ページ
こたえ 5ページ

じかん 20ぷん

とくてん　/100てん
べんきょうした日　月　日

1 ―せんの かん字の よみかたを かきましょう。 一つ2(24てん)

① にわに 木( )が 五( )ほん ある。

② 先生( )が 白( )の ぼうしを かぶる。

③ 学校( )の もんの まえに 立( )つ。

④ 手( )を あげて、名( )まえを いう。

⑤ しんごうが 赤( )から 青( )に かわる。

⑥ 女( )の子と 男( )の子に わかれる。

2 □に かん字を かきましょう。 一つ2(22てん)

① □《きゅう》この あめ。

② いえの □《なか》。

③ ねこと □《いぬ》。

④ □《ちから》を つける。

⑤ にじが □《み》える。

⑥ □《はな》を かざる。

⑦ □《ぶん》しょうを かく。

⑧ □《まち》に すむ。

⑨ 一日 □《やす》む。

⑩ □《ほん》を かりる。

⑪ うさぎの □《みみ》。

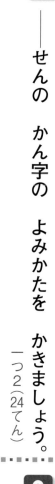

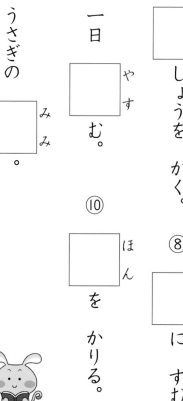

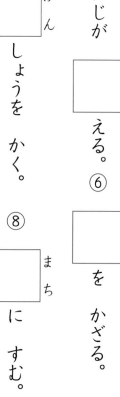

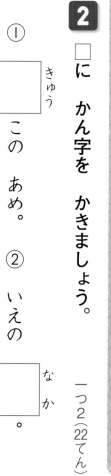

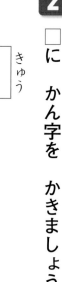

3 つぎの えから どんな かん字が できましたか。□に かん字を かきましょう。

一つ4（12てん）

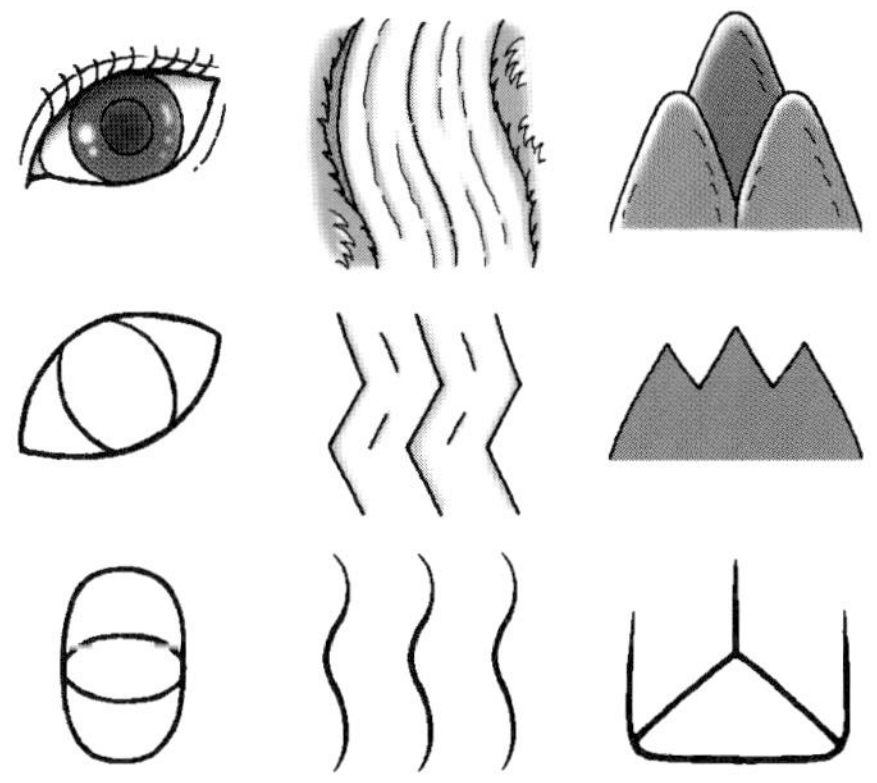

①（　　）

②（　　）

③（　　）

4 つぎの □に、よう日の かん字を かきましょう。

一つ2（14てん）

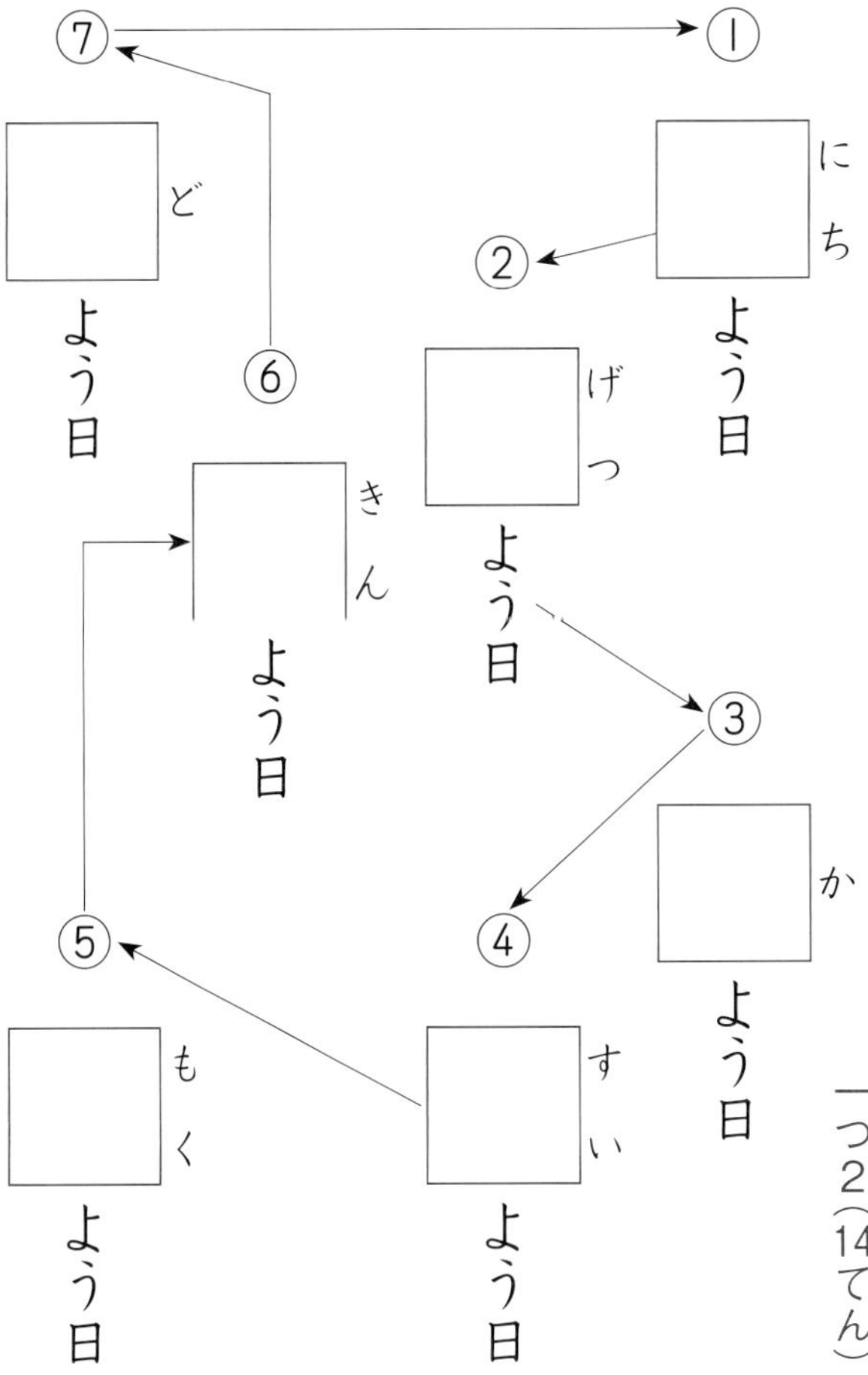

① □《にち》よう日

② □《げつ》よう日

③ □《か》よう日

④ □《すい》よう日

⑤ □《もく》よう日

⑥ □《きん》よう日

⑦ □《ど》よう日

5 ——せんの 日づけの よみかたを かきましょう。

一つ2（12てん）

① 一月 一日（　　）

② 十一月 二日（　　）

③ 四月 四日（　　）

④ 九月 七日（　　）

⑤ 八月 十日（　　）

⑥ 三月 二十日（　　）

6 つぎの かん字の 二つの よみかたを かきましょう。

一つ2（16てん）

①
1 月が 出る。（　　）
2 音を 出す。（　　）

②
1 あし音。（　　）
2 音がく。（　　）

③
1 人が くる。（　　）
2 人ぶつ。（　　）

④
1 小さい こえ。（　　）
2 小いし。（　　）

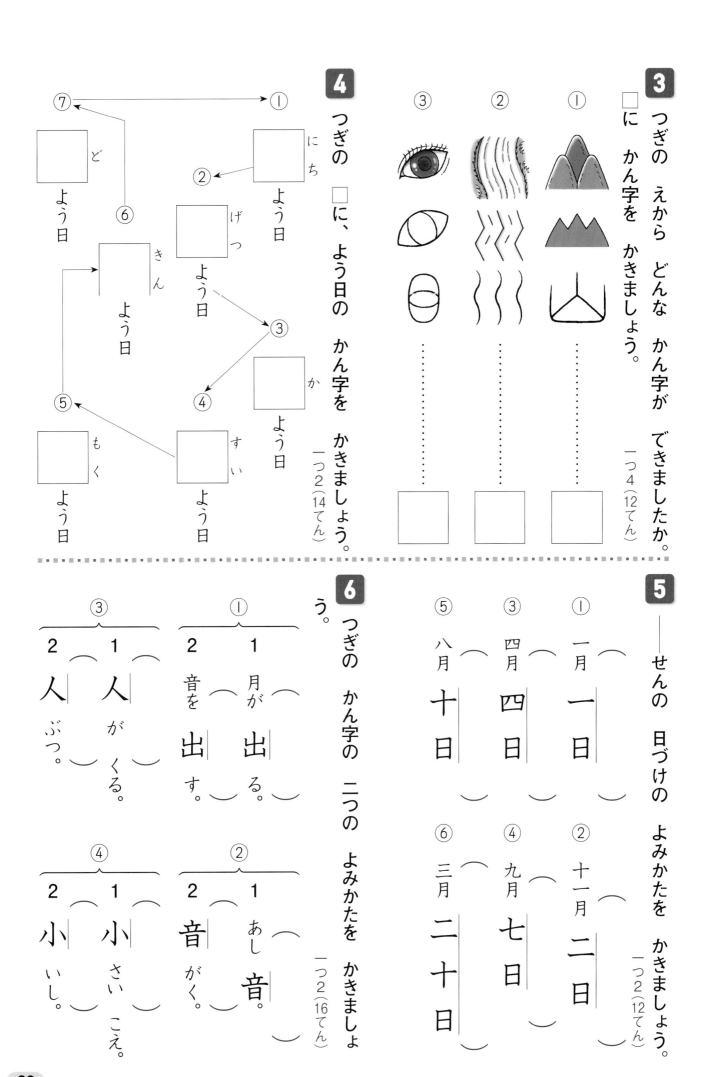

ちがいを かんがえよう

きほんのワーク

べんきょうした日 月 日

おはなしを かこう／子どもを まもる どうぶつたち

◆「よみかた」の 赤い 字は きょうかしょで つかわれて いる よみです。

村

みじかく とめる はらう はねる とめる

よみかた ソン むら

7かく

村村村村村村村

97ページ

つかいかた
村《そん》ちょうを えらぶ。
村《むら》の 人たち。
にぎやかな 村《むら》まつり。

よんで みよう、かいて みよう。

① 村（ ）はずれ。

② 村（ ）を たずねる。

③ □《むら》の まつり。

④ □□《むらびと》 たち。

早

ながく おなじ ながさ

よみかた ソウ （サッ） はやい はやまる はやめる

6かく

早早早早早早

108ページ

つかいかた
まだ さむい 早《そう》しゅん。
早《はや》あしで あるく。
よていが 早《はや》まる。

よんで みよう、かいて みよう。

① はが（ ）早く はえる。

② 早（ ）あしで にげる。

③ □□《はやくち》 ことば。

④ あさ □《はや》い じかん。

足

108ページ

よみかた

ソク

あし　たりる　たる　たす

7かく

つかいかた

えん足《そく》に　いく。
早足《はやあし》に　なる。
千円《せんえん》で　足《た》りる。
九十円《えん》に　十円《えん》を　足《た》す。

できかた

あしの　かたちから　できました。

⇩ 足 ⇩ 足

からだの　ぶぶんを　あらわす　ことばは、「手」「耳」「口」「目」などが　あります。

よんで　みよう、かいて　みよう。

① 早足（　　）で　あるく。
② ぞうの　足（　　）。
③ 大きな［あし］。
④ かけ［あし］。

かん字を　つかおう3

右

120ページ

よみかた

ウ　ユウ

みぎ

5かく

つかいかた

右《う》せつきんしの　みち。
左右《さゆう》を　よく　見る。
右《みぎ》がわを　あるく。

ちゅうい

ひつじゅんの　ちがいに　気を　つけましょう。

右…①右　②右
左…①左　②左

よんで　みよう、かいて　みよう。

① 右（　　）に　まわる。
② 右（　　）がわを　とおる。
③ ［みぎて］。
④ ［みぎあし］から　出す。

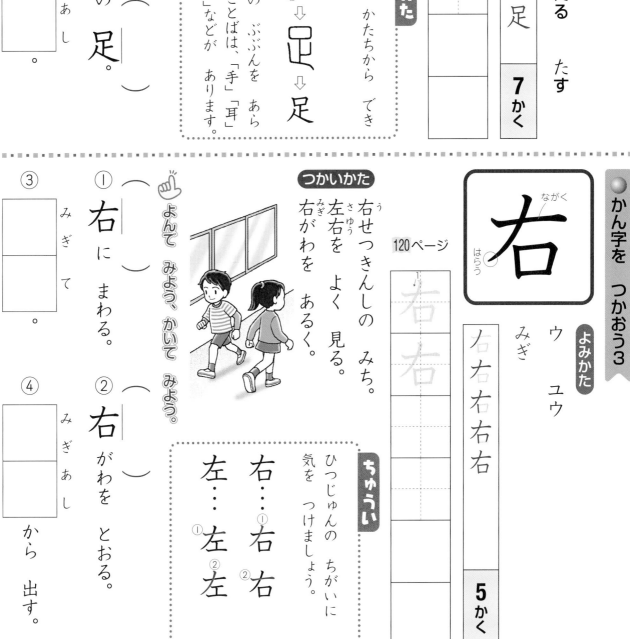

左

はらう
すこし ながく

よみかた
サ
ひだり

左左左左左

5かく

120ページ

つかいかた

車が 左《さ》せつする。
左右《さゆう》に ゆれる。
左《ひだり》がわに よる。
左手《ひだりて》で なげる。

おぼえよう

左の はんたいは 右。
左手 ↕ 右手
左足 ↕ 右足

よんで みよう、かいて みよう。

① 左（　　）を 見る。
② 左（　　）がわを あるく。
③ □《ひだり》まわり。
④ □《ひだり》に まがる。

田

つきださない
つきださない

よみかた
デン
た

田田田田田

5かく

120ページ

つかいかた

水田《すいでん》が ひろがる。
のどかな 田《でん》えん。
田《た》んぼで かえるが なく。
田《た》うえが はじまる。

できかた

たんぼの かたちから できました。

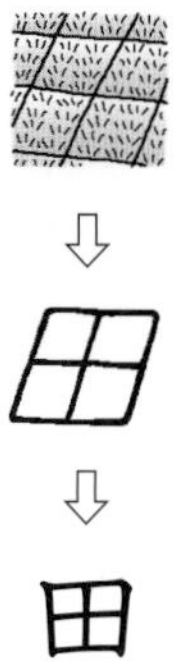

まん中の たてぼうを はみ出すと、ほかの 字に なるので、気を つけましょう。

田 つきださない

よんで みよう、かいて みよう。

① 田（　　）うえを する。
② 田（　　）んぼの 水。
③ □《た》はたを たがやす。
④ □《た》うえの じき。

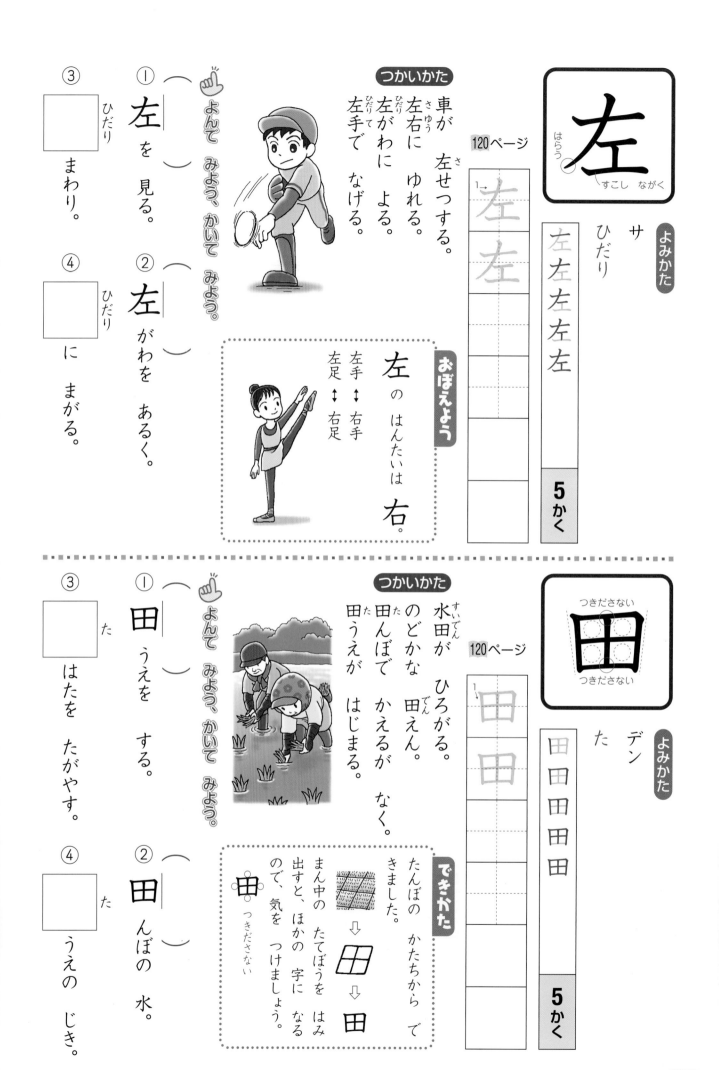

千

おなじくらい

ながく

よみかた
セン
ち

千 千 千

3かく

120ページ

つかいかた
五千人《ごせんにん》の 音がくかい。
三千《さんぜん》メートルの 山。
千《ち》よがみで つるを おる。
千《ち》とせあめを なめる。

ちゅうい
かたちの にて いる かん字に 気を つけましょう。
千《セン》―十《ジュウ・ジッ〈ジュッ〉》《とお》

よんで みよう、かいて みよう。

① 千（　　）まいの かみ。
② とりが 千（　　）ば とぶ。
③ □□《ごせん》人《にん》の 町。
④ □《せん》ばづる。

百

ながく

よみかた
ヒャク
―

百 百 百 百 百 百

6かく

120ページ

つかいかた
九百円《きゅうひゃくえん》の タオル。
三百《さんびゃく》メートル はしる。
六百《ろっぴゃく》まいの かみ。
百年《ひゃくねん》の 月日。

おぼえよう
「百」には、「たくさん」と いう いみも あります。「百かじてん」は、たくさんの ことがらに ついて のせた じてんの ことです。

よんで みよう、かいて みよう。

① 百（　　）さいの 人。
② 三百（　　）さつの 本。
③ □《ひゃっ》かじてんを 見る。
④ □□《きゅう ひゃく》人《にん》。

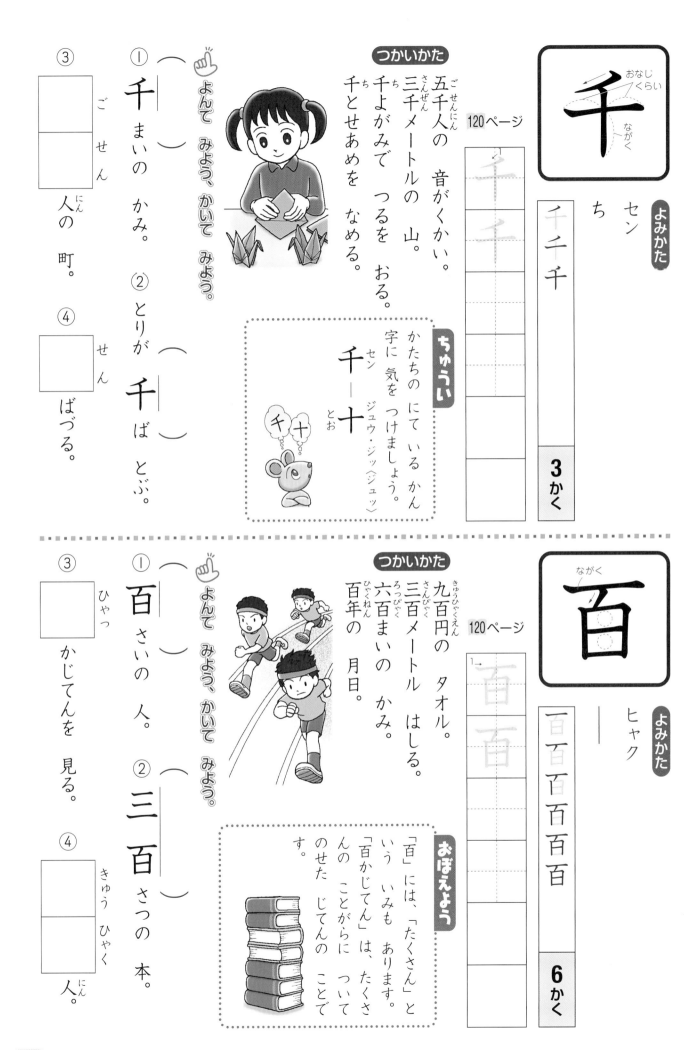

円

つきださない
とめる
はねる

よみかた
エン
まる**い**

円円円円

4かく

120ページ

つかいかた

百円《ひゃくえん》を はらう。
大きな 円《えん》を かく。
円《まる》く きりぬく。
円《まる》い わに なる。

おぼえよう

日本の お金は 「円」で かぞえます。
アメリカは 「ドル」、イギリスは 「ポンド」、中国《ちゅうごく》は 「元《げん》」 などで かぞえます。

よんで みよう、かいて みよう。

① 二千円。（　　　）

② 円（　　　）を えがく。

③ ［　　］《ひゃく》［　　］《えん》だま。

④ 小さい ［　　］《えん》。

よみかえの かん字

91ページ	96	109
生《うまれる》	大《タイ》	子《シ》
生《う》まれる	大《たい》かい	子《し》そん

116	116	117
小《ショウ》	入《ニュウ》	足《ソク》
小学校《しょうがっこう》	入学《にゅうがく》	えん足《そく》

118
手《シュ》
はく手《しゅ》

二かいずつ かいて れんしゅうしよう

村の川
早足
子そん
右と左
田んぼ
千円
百さつ

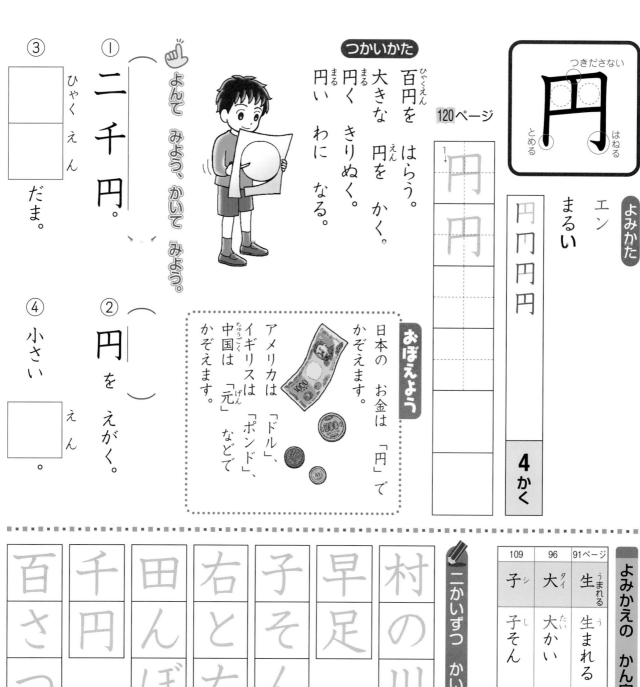

ちがいを かんがえよう

れんしゅうのワーク

むかしばなしを たのしもう／おはなしを かこう
かん字を つかおう2／子どもを まもる どうぶつたち
小《しょう》学校の ことを しょうかいしよう／かん字を つかおう3

きょうかしょ ㊦90～120ページ
こたえ 6ページ

べんきょうした日 月 日

1 あたらしい かん字を よみましょう。

① 90ページ 子どもが 生（　）まれる。

② 94ページ うでずもうの 大（　）かい。

③ 村（　）の まつり。

④ 103ページ 早足（　）で あるく。

⑤ 子（　）そんを のこす。

⑥ 116ページ 小学校（　）の プール。

⑦ 入学（　）する。

⑧ はるの えん足（　）。

⑨ はく手（　）する。

⑩ 120ページ 右（　）がわを 見る。

⑪ 左（　）がわに よる。

⑫ 田（　）んぼの いね。

⑬ 五千（　）までの かず。

⑭ 百円（　）を はらう。

2 あたらしい かん字を かきましょう。

① 90ページ 四月に □《う》まれる。

② 94ページ 花火□《たい》かい。

③ □《むら》の はずれ。

④ 103ページ □□《はやあし》で にげる。

⑤ □《し》そんが ふえる。

⑥ 116ページ □□□《しょうがっこう》。

⑦ □□《にゅうがく》しき。

⑧ えん□《そく》の ひにち。

⑨ はく□《しゅ》が つづく。

⑩ 120ページ □《みぎ》がわを むく。

⑪ つくえの □《ひだり》がわ。

⑫ □《た》んぼと はたけ。

⑬ □□《ごせん》まいの かみ。

⑭ □□《ひゃくえん》の ノート。

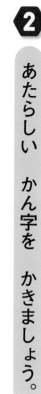

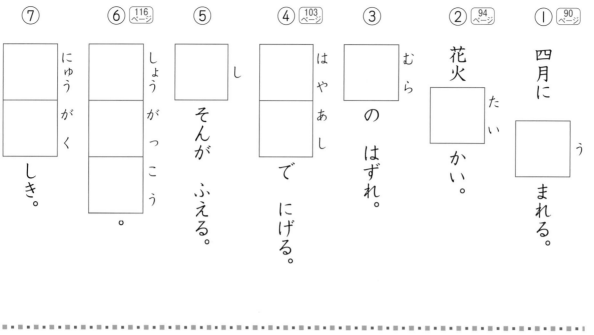

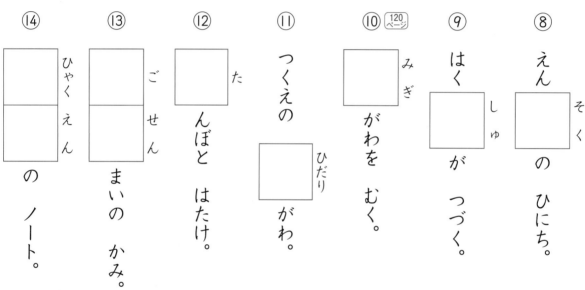

3 文を　かきましょう。——は　かん字で　かきましょう。（ふとい　字は、この　かいで　ならった　かん字を　つかった　ことばです。）

① あかちゃんが　うまれる。

② マラソンたいかいに　でる。

③ むらの　ちからもち。

④ しょうがっこうの　せんせい。

⑤ えんそくの　ひの　あさ。

⑥ おおきい　はくしゅ。

⑦ みぎと　ひだりを　みる。

⑧ ひゃくえんを　だす。

4 かん字を つかおう

これまでに ならった かん字を かきましょう。

① □《はな》が さく。

② 本の だい□《めい》。

③ きゅうきゅう□《しゃ》。

④ ひなが □《くち》を あける。

⑤ ぞうの 大きな □《みみ》。

⑥ いすの □《した》。

⑦ □《あお》い くつを はく。

⑧ □《め》が かゆく なる。

⑨ だいの □《うえ》に のる。

⑩ きょうしつに □《はい》る。

⑪ □《おん》がくが ながれる。

⑫ □《やま》に のぼる。

⑬ 小さな □《き》を うえる。

⑭ □《ご》ひきの 子ねこ。

すきな ところを つたえよう

きほんの ワーク

スイミー かたちの にて いる かん字

きょうかしょ 下 121～139ページ

こたえ 6ページ

べんきょうした日 月 日

◆「よみかた」の 赤い 字は きょうかしょで つかわれて いる よみです。

スイミー

貝（はらう・とめる）

よみかた：かい

貝 貝 貝 貝 貝 貝 貝

7かく

122ページ

つかいかた

からす貝《がい》の なかま。
貝《かい》を ひろう。
二まいの 貝《かい》がら。

よんで みよう、かいて みよう。

① 貝（　　）を 見つける。

② 貝（　　）ばしら。

③ □《かい》がらを ひろう。

④ からす □《がい》。

糸（はらう・とめる・とめる）

よみかた：シ　いと

糸 糸 糸 糸 糸 糸

6かく

128ページ

つかいかた

金糸《きんし》で ぬのを おる。
糸《いと》で むすぶ。
つり糸《いと》を たらす。

よんで みよう、かいて みよう。

① 白い 糸（　　）で ぬう。

② 糸車（　　）を まわす。

③ □《いと》を つむぐ。

④ ほそい □《いと》。

よみかた

リン
はやし

林 林 林 林 林 林 林 林

8かく

128ページ

林
林

つかいかた

しょく林《りん》する。
林《りん》かん学校に いく。
林《はやし》の 中を あるく。
くり林《ばやし》で みを ひろう。

できかた

木を 二つ ならべて、木が おおく ある ところを あらわして います。

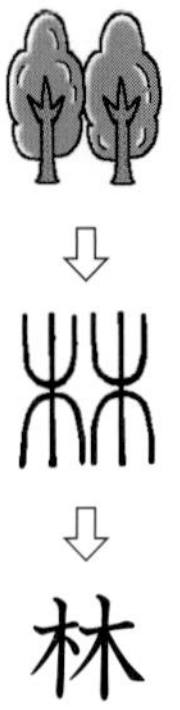

「村」と かたちが にて いるので、気を つけましょう。

よんで みよう、かいて みよう。

① 林（ ）が 見える。
② ひろばの よこの 林（ ）。
③ □《はやし》の 中の みち。
④ まつ □《ばやし》。

かたちの にて いる かん字

よみかた

セキ シャク （コク）
いし

石 石 石 石 石

5かく

138ページ

石
石

つかいかた

石《せき》ゆを くみ上げる。
ほうい じ石《しゃく》の はり。
石《いし》の かいだん。

できかた

がけの 下に いしが ころがって いる ようすから できました。

よんで みよう、かいて みよう。

① かたい 石（ ）。
② 石（ ）ころを ける。
③ かわらの □□《こいし》。
④ □《いし》を ひろう。

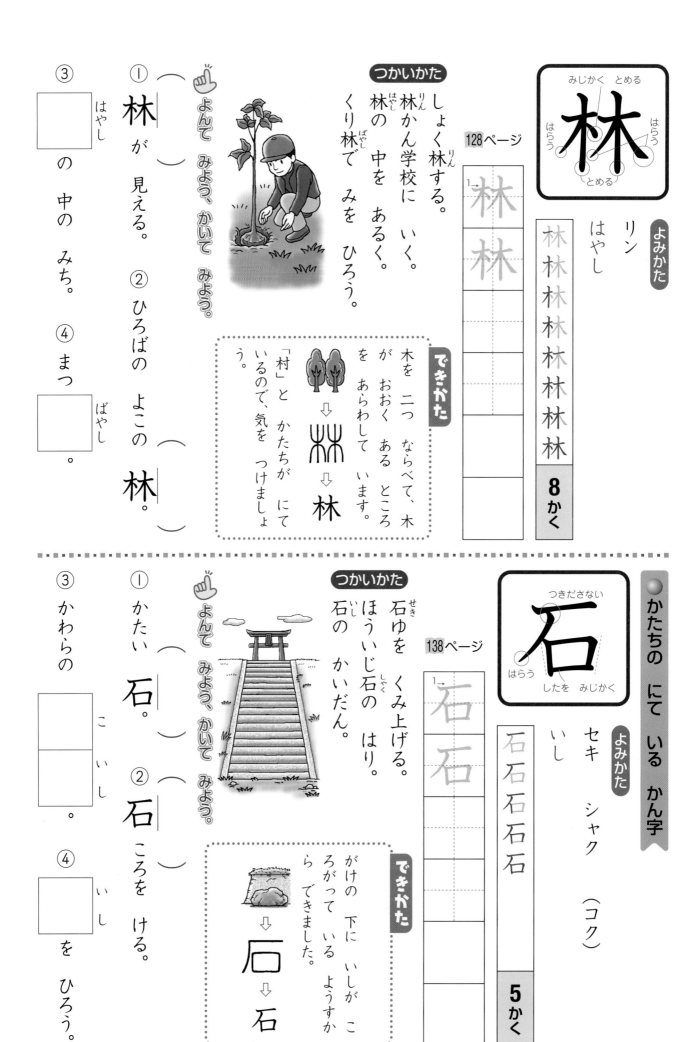

玉

わすれない
ながく

138ページ

よみかた
ギョク
たま

玉 玉 玉 玉 玉

5かく

つかいかた

玉石《ぎょくせき》が　入りまじる。
玉《たま》のりを　する。
ガラス玉《だま》。
水玉《みずたま》もようの　ふく。

ちゅうい

「、」(てん)　一つで　ちがう　かん字に　なります。

王《オウ》—玉《たま》
大《おおきい》—犬《いぬ》

よんで　みよう、かいて　みよう。

① 玉（　　）を　みがく。

② シャボン玉（　　）。

③ サーカスの　□《たま》のり。

④ □《たま》ねぎ。

王

すこし みじかく
さいごは　ながく

138ページ

よみかた
オウ

王 王 王 王

4かく

つかいかた

はだかの　王《おう》さま。
やさしい　女王《じょおう》さま。
エジプトの　王《おう》の　はか。
あたらしい　王《おう》さま。

ちゅうい

よみかたを　かく　ときは　「おう」です。「おお」では　ないので　気を　つけましょう。

よんで　みよう、かいて　みよう。

① がいこくの　王（　　）さま。

② はつめい王（　　）。

③ □□《おうじ》さま。

④ □《おう》さまの　けらい。

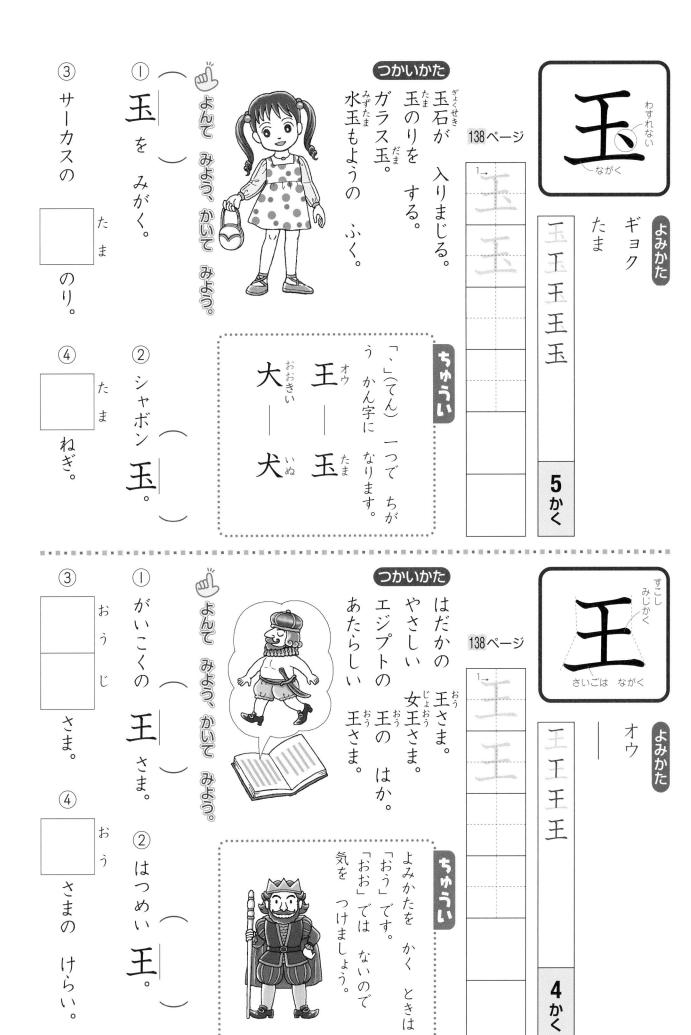

正

よみかた

セイ　ショウ

ただしい　ただす　まさ

正正正正正

5かく

139ページ

つかいかた

正《せい》かくな　じかん。
お正月《しょうがつ》が　くる。
正《ただ》しい　しせい。
まちがいを　正《ただ》す。

おぼえよう

かずを　かぞえる　とき、「5」を　あらわす　しるしにも　つかわれます。

一……1	T……2
F……3	下……4
正……5	正一……6
正T……7	正下……8
正正……9	正正……10

よんで　みよう、かいて　みよう。

①（　　）正しい　こたえ。

②れいぎ（　　）正しい。

③［　　］《ただ》しい　しせい。

④［　　］《ただ》しく　なおす。

雨

よみかた

ウ

あめ　あま

雨雨雨雨雨雨雨雨

8かく

139ページ

つかいかた

雨天《うてん》が　つづく。
雨《あめ》が　はげしく　ふる。
にわか雨《あめ》が　ふる。
雨《あま》やどりを　する。

できかた

あめが　くもから　ふって　くる　ようすから　できました。

よんで　みよう、かいて　みよう。

①（　　）雨が　上がる。

②（　　）大雨が　ふる。

③はげしい［　　］《あめ》。

④［　　］《あめ》が　やむ。

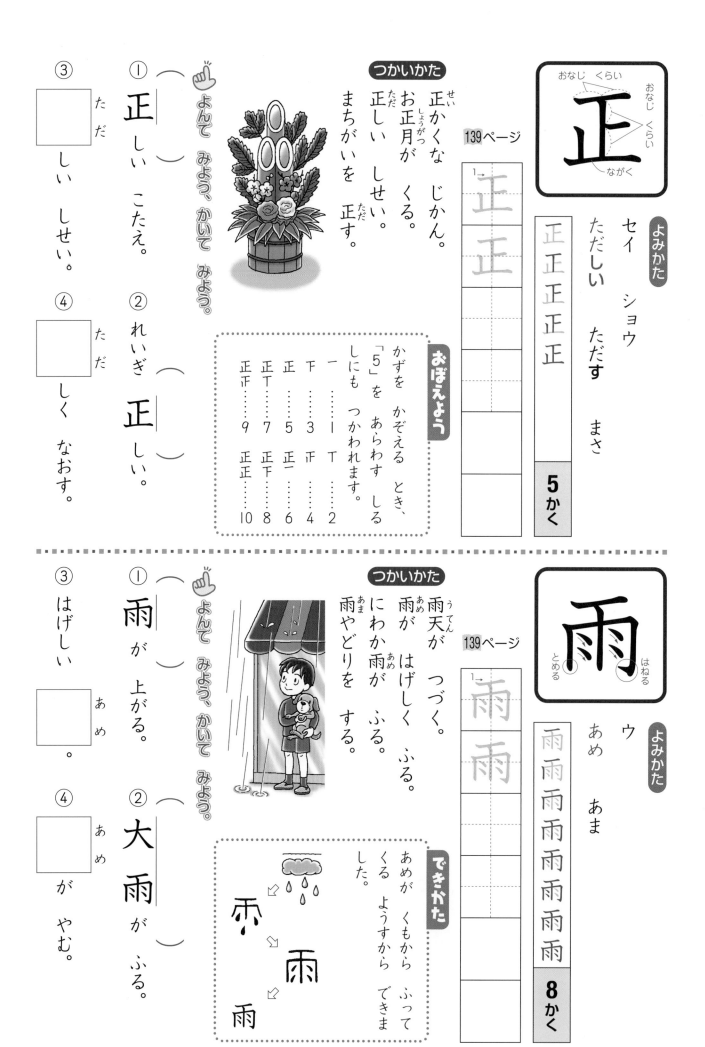

よみかえの　かん字

124ページ	128
一《ひと》	中《チュウ》
一口《ひとくち》	水中《すいちゅう》

128	138
生《は》える	人《ニン》
生《は》える	三人《さんにん》

二かいずつ　かいて　れんしゅうしよう

からす貝

ほそい糸

林の中

石ころ

玉のり

王さま

正しい

雨がふる

れんしゅうのワーク

スイミー
かたちの にて いる かん字

きょうかしょ ㊦121～139ページ
こたえ 6ページ

べんきょうした日　月　日

1 あたらしい かん字を よみましょう。

① 121ページ くろい からす 貝（　）。

② 一口（　）で のみこむ。

③ 水中（　）の 生きもの。

④ 糸（　）を ひっぱる。

⑤ こんぶが 生（　）える。

⑥ 林（　）の 中を あるく。

⑦ 138ページ 三人（　）で あそぶ。

⑧ 小さな 石（　）を ひろう。

⑨ 玉（　）のりを する。

⑩ 王（　）さまの かんむり。

⑪ 正（　）しい かん字を かく。

⑫ すこし 雨（　）が ふる。

2 あたらしい かん字を かきましょう。

① 121ページ からす □《がい》を ひろう。

② □□《ひとくち》で たべる。

③ □□《すいちゅう》の しゃしん。

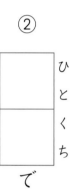

④ ほそい □《いと》。

⑤ わかめが □《は》える。

⑥ 村はずれの □《はやし》。

⑦ 138ページ □□《さんにん》きょうだい。

⑧ □《いし》を ならべる。

⑨ □《たま》のりの れんしゅう。

⑩ □《おう》さまの マント。

⑪ 字を □《ただ》しく かく。

⑫ □《あめ》が ふりだす。

3 文を かきましょう。――は かん字で かきましょう。（ふとい 字は、この かいで ならった かん字を つかった ことばです。）

① すいちゅうから でる。

② あかの いとを つかう。

③ はやしの きが ゆれる。

④ あおの みずたまもよう。

⑤ おうさまが みぎを むく。

きほんの ワーク

一年かんの　おもいでブック　かん字を　つかおう4

きょうかしょ　下140～144ページ

こたえ　7ページ

べんきょうした日　月　日

◆「よみかた」の　赤い　字は　きょうかしょで　つかわれて　いる　よみです。

一年かんの　おもいでブック／かん字を　つかおう4

草

ながく
おなじ　ながさ

よみかた　ソウ　くさ

9かく

142ページ

つかいかた

ざっ草《そう》を　ぬく。
うしが　草《くさ》を　たべる。
水そうの　水草《みずくさ》。

よんで　みよう、かいて　みよう。

① みどりの　草。（　　）

② 草の　上に　すわる。（　　）

③ □《くさ》もちを　たべる。

④ □□《くさばな》。

森

はらう
みじかく
とめる
とめる

よみかた　シン　もり

12かく

144ページ

つかいかた

森林《しんりん》を　ほごする。
ふかい　森《もり》に　入る。
おいしげった　森《もり》。

よんで　みよう、かいて　みよう。

① 森に　すむ　りす。（　　）

② 林や　森。（　　）

③ ふかい　□《もり》。

④ □《もり》の　どうぶつ。

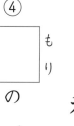

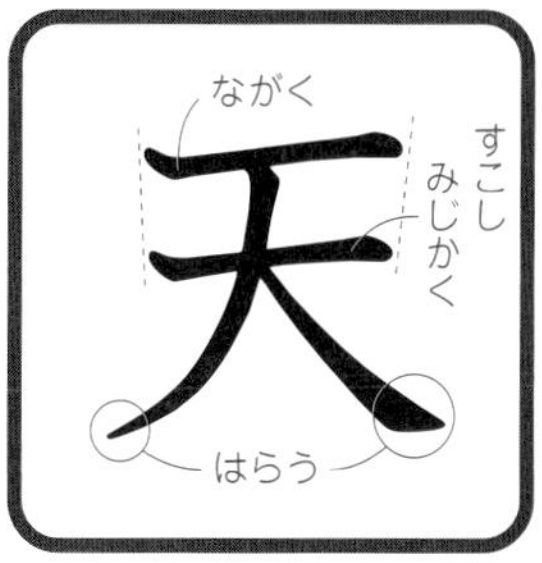

よみかた

テン
(あめ)　あま

天 天 天 天

4かく

144ページ

つかいかた

きょうの　天気《てんき》。
天《てん》まで　とどけ。
天《てん》じょうを　あおぐ。
天《あま》の川《がわ》を　見上げる。

ちゅうい

ただしい　かたちに　気を　つけましょう。

○ 天 上が ながく 下が みじかい
× 天

「大」と　かたちが　よく　にて　いるので、気を　つけましょう。

よんで　みよう、かいて　みよう。

① 天気（　　）よほう。
② 天（　　）じょうじょうら。
③ □（てん）ぷらを　あげる。
④ □（てん）しの　つばさ。

よみかた

チク
たけ

竹 竹 竹 竹 竹 竹

6かく

144ページ

つかいかた

竹《ちく》りんに　かぜが　ふく。
竹《たけ》とんぼを　つくる。
竹《たけ》うまで　あそぶ。
竹《たけ》やぶの　中。

できかた

たけが　はえて　いる　かたちから　できました。

かたちに　気を　つけて　かきましょう。

竹（とめる・はねる）

よんで　みよう、かいて　みよう。

① 竹（　　）とんぼの　つくりかた。
② ほそい　竹（　　）。
③ じょうぶな　□（たけ）ざお。
④ □（たけ）やぶ。

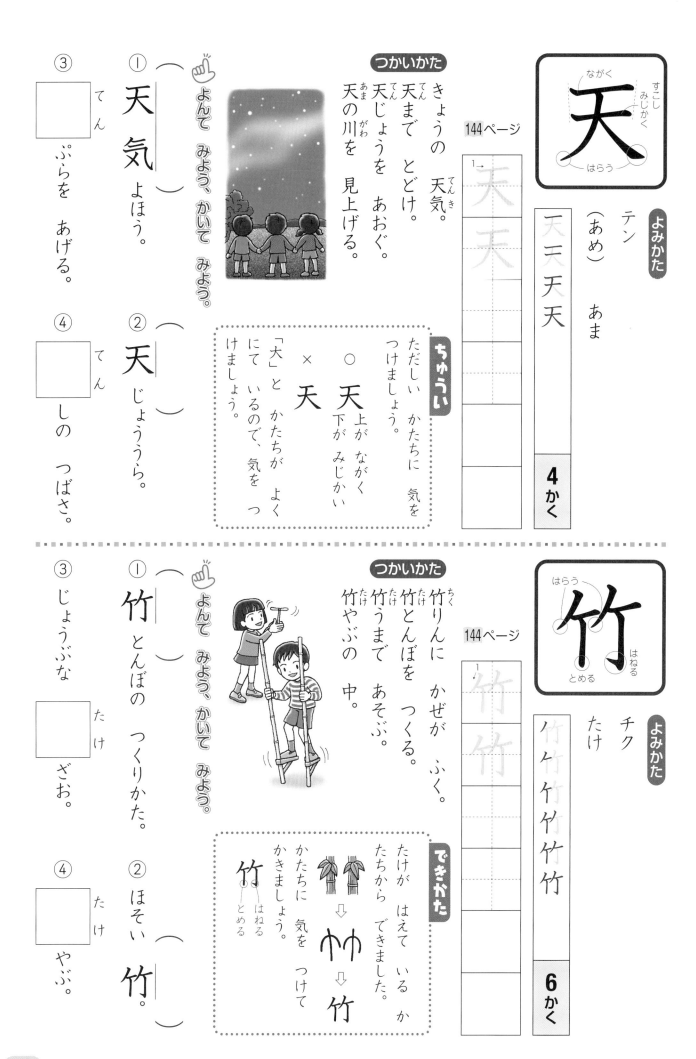

虫

とめる
ななめに　はらう

よみかた
チュウ
むし

6かく

虫虫虫虫虫虫

144ページ

つかいかた

こん虫《ちゅう》さいしゅう。
ちょうの　よう虫《ちゅう》。
虫《むし》とりを　する。
あきに　なく　虫《むし》。

できかた

へびが　はって　いる　かたちから　できました。

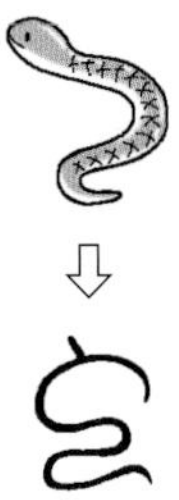

⇩ ⇩ 虫

生きものを　あらわす　かん字には、「犬」（34ページ）、「貝」（73ページ）などが　あります。

よんで　みよう、かいて　みよう。

① （虫）ばを　なおす。

② かごに　（虫）を　入れる。

③ [　]《むし》とりに　出かける。

④ よわ[　]《むし》。

夕

みじかく　はらう
つきださない
ながく　はらう

よみかた
（セキ）
ゆう

3かく

夕夕夕

144ページ

つかいかた

きれいな　夕《ゆう》やけ。
夕《ゆう》がたまでに　かえる。
夕日《ゆうひ》が　しずむ。
夕《ゆう》ごはんの　じかんだ。

できかた

三日月《みかづき》が　そらに　出るようすから　できました。

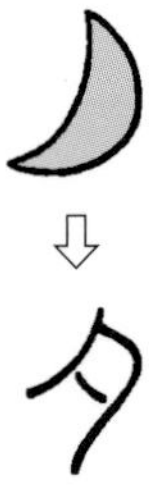

⇩ ⇩ 夕

「月」（29ページ）と　いう　かん字の　できかたと　よく　にて　いますね。

よんで　みよう、かいて　みよう。

① しんぶんの　（夕）かん。

② （夕）すずみ。

③ まっかな　[　]《ゆう》やけ。

④ [　]《ゆう》ぐれの　そら。

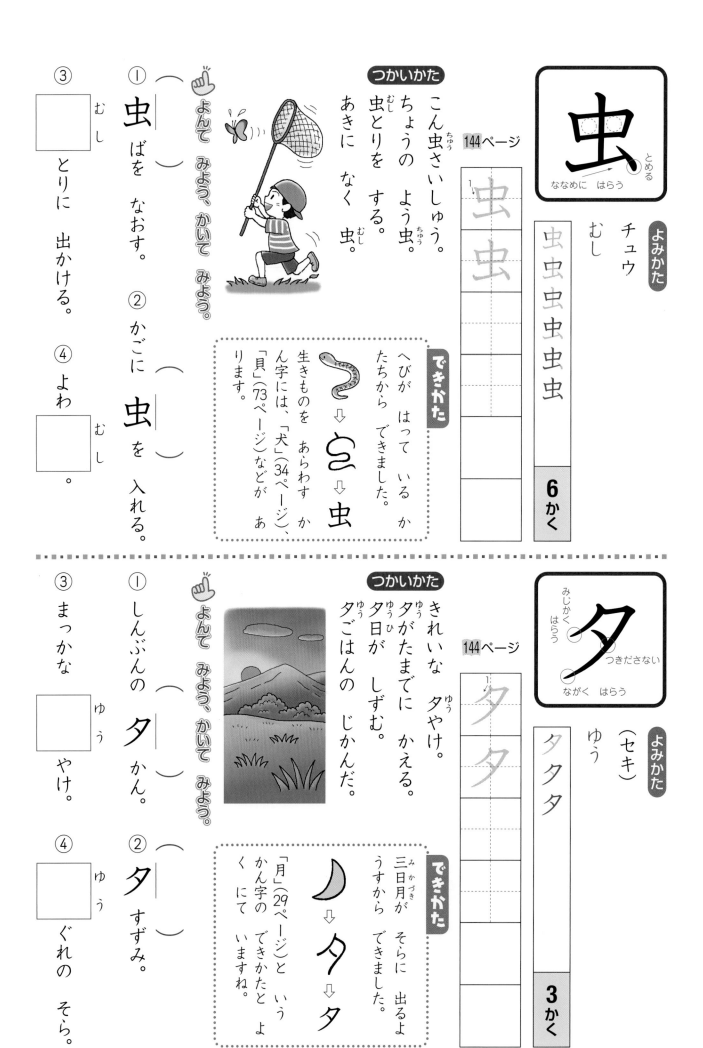

よみかた

クウ

そら　あく　あける　から

空空空空空空空空

8かく

144ページ

つかいかた

しんせんな　空気《くうき》。

空《そら》を　見上げる。

せきが　空《あ》く。

空《から》の　はこを　すてる。

ちゅうい

「空」の　かたちに
ちゅういしましょう。

○ 空　まげて とめる

× 空

× 空

よんで　みよう、かいて　みよう。

① きれいな　青空。（　　）

② 空（　　）を　とぶ。

③ □《そら》を　見る。

④ あかるい　□《そら》。

二かいずつ　かいて　れんしゅうしよう

草花

森と林

よい天気

竹とんぼ

虫とり

夕やけ

空が赤くなる

れんしゅうのワーク
一年かんの　おもいでブック
かん字を　つかおう4

きょうかしょ　㊦140～144ページ

こたえ　7ページ

べんきょうした日　月　日

1 あたらしい　かん字を　よみましょう。

① 140ページ　ぞうが　草（　）を　たべる。

② 144ページ　森（　）の　どうぶつ。

③ 天気（　）が　よい。

④ 竹（　）とんぼを　とばす。

⑤ 虫（　）とりを　する。

⑥ きれいな　夕（　）やけ。

⑦ 青い　空（　）。

2 あたらしい　かん字を　かきましょう。

① 140ページ　□《くさ》が　生える。

② 144ページ　ふかい　□《もり》。

③ □□《てんき》　よほうを　見る。

④ □《たけ》とんぼを　つくる。

⑤ □《むし》とりの　やりかた。

⑥ □《ゆう》やけが　ひろがる。

⑦ □《そら》の 白い くも。

3 文を かきましょう。――は かん字で かきましょう。（ふとい 字は、この かいで ならった かん字を つかった ことばです。）

① もりの なかに はいる。

□

② ちいさい むしが いる。

□

③ ゆうやけの そら。

□

4 かん字を つかおう　これまでに ならった かん字を かきましょう。

① □□《いちねん》生。

② ながい □《ぶん》しょう。

③ □《みず》を あびる。

④ やくそくを おもい □《だ》す。

⑤ □《きん》よう □《び》。

⑥ へやで □《やす》む。

⑦ □《て》を ひろげる。

⑧ □《あし》を そろえて すわる。

⑨ ぞうの □《おお》きな 耳。

1年 しあげのテスト

こたえ 7ページ

じかん 20ぷん

とくてん　　/100てん

べんきょうした日　　月　　日

1 ―せんの かん字の よみかたを かきましょう。 一つ1（12てん）

① テレビで 玉（　　）のりの 大（　　）かいを 見る。

② 小（　　）学校に 入学（　　）する。

③ 王（　　）さまが 左（　　）がわに すわる。

④ きれいな 糸（　　）を ひゃく 円（　　）で かう。

⑤ 雨（　　）が やんで 夕（　　）やけの そらに なる。

⑥ 森（　　）の 木や 草（　　）の においが すきだ。

2 □に かん字を かきましょう。 一つ2（24てん）

① □《むら》の まつり。

② えん□《そく》に いく。

③ はく□《しゅ》する。

④ □□《ごせん》にん。

⑤ □《ひと》くちで たべる。

⑥ □□《すいちゅう》めがね。

⑦ □《はやし》の なか。

⑧ □□《さんにん》かぞく。

⑨ よい □□《てんき》。

⑩ □《たけ》とんぼ。

⑪ 青い □《そら》。

⑫ □《きん》よう日。

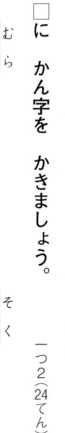

⑪むっ ⑫ろっ ⑬なな ⑭なな
⑮やっ ⑯はっ ⑰ここの ⑱きゅう
⑲とお ⑳じゅう ㉑し ㉒よ
㉓しち ㉔く ㉕じっ（じゅっ）

❷ ①一 ②二 ③三 ④四 ⑤五 ⑥六
⑦七 ⑧八 ⑨九 ⑩十

かんじの　はなし

27〜30ページ　きほんのワーク

◆27ページ◆

山 ①やま ②やま ③山 ④山
木 ①き ②き ③木 ④木

◆28ページ◆

川 ①かわ ②かわ ③川 ④川
目 ①め ②め ③目 ④目

◆29ページ◆

月 ①つき ②つき ③月 ④月
上 ①うえ ②うえ ③上 ④上

◆30ページ◆

下 ①した ②した ③下 ④下

31・32ページ　れんしゅうのワーク

❶ ①やま ②き ③かわ ④め ⑤つき
⑥うえ ⑦した ⑧やま ⑨き ⑩め

❷ ①山 ②木 ③川 ④目 ⑤月 ⑥上
⑦下 ⑧山 ⑨目

❸ ①たかい山からおりる。
②木のちかくでやすむ。
③川をふねでわたる。
④目をおおきくひらく。
⑤おかの上のいえ。

●教科書　あたらしい　こくご一下

サラダで　げんき

33〜36ページ　きほんのワーク

◆33ページ◆

中 ①なか ②なか ③中 ④中
大 ①おお ②おお ③大 ④大

◆34ページ◆

入 ①はい ②い ③入 ④入
犬 ①いぬ ②いぬ ③犬 ④犬

◆35ページ◆

小 ①ちい ②ちい ③小 ④小
白 ①しろ ②しろ ③白 ④白

◆36ページ◆

出 ①だ ②で ③出 ④出
力 ①ちから ②ちから ③力 ④力

37・38ページ　れんしゅうのワーク

❶ ①なか ②おお ③はい ④い ⑤いぬ
⑥おお ⑦ちい ⑧しろ ⑨だ
⑩ちから ⑪で

❷ ①中 ②大 ③入 ④入 ⑤犬 ⑥大
⑦小 ⑧白 ⑨出 ⑩力 ⑪出

❸ ①いえの中から出る。
②白くまがうみに入る。
③小さな犬がはしる。
④山で大ごえを出す。

なにに　見えるかな／よう日と　日づけ

39〜43ページ　きほんのワーク

◆39ページ◆

見　①み　②み　③見　④見

先　①せん　②せん　③先　④先

◆40ページ◆

生　①せんせい　②せい　③生　④生

気　①き　②き　③気　④気

◆41ページ◆

日　①ひ　②にち・び　③日　④日

火　①か　②ひ　③火　④火

◆42ページ◆

水　①みず　②すい　③水　④水

金　①きん　②かね　③金　④金

◆43ページ◆

土　①ど　②つち　③土　④土

44・45ページ　れんしゅうのワーク

1
①み　②せんせい　③き　④にち・び
⑤げつ・か　⑥び　⑦みず
⑧すい・もく　⑨かね　⑩きん・ど
⑪つち　⑫ついたち・ふつか
⑬みっか・いつか　⑭むいか・なのか
⑮ようか・ここのか　⑯はつか　⑰がつ

2
①見　②先生　③気　④日・日
⑤月・火　⑥火　⑦水　⑧水・木　⑨金
⑩金・土　⑪土　⑫一日・二日
⑬三日・五日　⑭六日・七日
⑮八日・九日　⑯二十日　⑰月

はっけんしたよ／ひらがなを　つかおう1／いろいろな　ふね／「のりものカード」を／つくろう／すきな　きょうかを　はなそう

46〜51ページ　きほんのワーク

◆46ページ◆

花　①はな　②はな　③花　④花

文　①ぶん　②ぶん　③文　④文

◆47ページ◆

音　①おと　②おと　③音　④音

町　①まち　②まち　③町　④町

◆48ページ◆

字　①じ　②じ　③字　④字

人　①ひと　②ひと　③人　④人

◆49ページ◆

休　①やす　②やす　③休　④休

車　①しゃ　②くるま　③車　④車

◆50ページ◆

本　①ほん　②ほん　③本　④一本

学　①がくせい　②がっ　③学

◆51ページ◆

校　①こう　②学校　③校

52・53ページ　れんしゅうのワーク

1
①はな　②い　③ぶん　④おと　⑤まち
⑥じ　⑦ひと　⑧やす　⑨しゃ
⑩くるま　⑪ほん　⑫がっこう
⑬おん　⑭はなび　⑮やす

2
①花　②生　③文　④音　⑤町　⑥字
⑦人　⑧休　⑨車　⑩車　⑪本　⑫学校
⑬音

3
①車　②文　③休　④花　⑤生　⑥音

おとうとねずみ　チロ／かん字を　つかおう1／すきな　おはなしは　なにかな

54〜59ページ　きほんのワーク

◆54ページ◆

手　①て　②て　③手　④手本

赤　①あか　②あか　③赤　④赤

◆55ページ◆

青 ①あお ②あお ③青 ④青

名 ①な ②な ③名 ④名

◆56ページ◆

立 ①た ②た ③立 ④立

口 ①くち ②くち ③口 ④口

◆57ページ◆

耳 ①みみ ②みみ ③耳 ④耳

女 ①おんな ②おんな ③女 ④女

◆58ページ◆

子 ①こ ②こ ③子犬 ④子

男 ①おとこ ②おとこ ③男 ④男

◆59ページ◆

年 ①じゅうねん ②ねん ③一年 ④年

60・61ページ れんしゅうのワーク

1 ①て ②あか ③あお ④な ⑤た
⑥あ ⑦くち ⑧みみ ⑨こ ⑩じん
⑪おんな・こ ⑫おとこ ⑬いちねん
⑭めい

2 ①手 ②赤 ③青 ④名 ⑤立 ⑥上
⑦口 ⑧耳 ⑨小 ⑩人 ⑪女・子
⑫男 ⑬一年 ⑭名

3 ①日 ②山 ③一 ④川 ⑤七 ⑥四

ふゆ休み まとめのテスト

62・63ページ まとめのテスト

1 ①き・ご ②せんせい・しろ
③がっこう・た ④て・な
⑤あか・あお ⑥おんな・おとこ

2 ①九 ②中 ③犬 ④力 ⑤見 ⑥花
⑦文 ⑧町 ⑨休 ⑩本 ⑪耳

3 ①山 ②川 ③目

4 ①日 ②月 ③火 ④水 ⑤木 ⑥金
⑦土

5 ①ついたち ②ふつか ③よっか
④なのか ⑤とおか ⑥はつか

6 ①1で 2だ ②1おと 2おん
③1ひと 2じん
④1ちい 2こ

てびき

1 ②「先生」の「生」の読み方を、「せえ」としないように注意しましょう。
③「立つ」のように送りがながつく言葉は、送りがなもいっしょに覚えるようにしましょう。

2 ③「犬」は「大」と、⑩「本」は「木」と形が似ています。細かいところに注意して、正しく書き分けていきましょう。

3 それぞれのイラストと漢字を見比べながら、漢字のでき方に興味や関心を持つようにしましょう。ここでは出題していませんが、「木」を集めると、これから習う「林」や「森」になるということも確認しておくとよいでしょう。

4 曜日は、日常生活の中でも多用されます。きちんと覚えるようにしましょう。

5 教科書に出てくる日付は、すべて読めるようにしておきましょう。

6 ①「出」は、送りがなによって読み方が違うことを理解しましょう。また、漢字には、音読みと訓読みがあります。どちらもきちんと覚えることが大切です。

むかしばなしを　たのしもう／おはなしを　かこう
かん字を　つかおう2／子どもを　まもる　どうぶつたち
小学校の　ことを　しょうかいしよう／かん字を　つかおう3

64〜68ページ　きほんのワーク

◆64ページ◆

村　①むら　②むら　③村　④村人

早　①はや　②はや　③早口　④早

◆65ページ◆

足　①はやあし　②あし　③足　④足

右　①みぎ　②みぎ　③右手　④右足

◆66ページ◆

左　①ひだり　②ひだり　③左　④左

田　①た　②た　③田　④田

◆67ページ◆

千　①せん　②せん　③五千　④千

百　①ひゃく　②さんびゃく　③百　④九百

◆68ページ◆

円　①にせんえん　②えん　③百円　④円

69〜72ページ　れんしゅうのワーク

❶

①う　②たい　③むら　④はやあし

⑤し　⑥しょうがっこう　⑦にゅうがく

⑧そく　⑨しゅ　⑩みぎ　⑪ひだり

⑫た　⑬ごせん　⑭ひゃくえん

❷

①生　②大　③村　④早足　⑤子

⑥小学校　⑦入学　⑧足　⑨手　⑩右

⑪左　⑫田　⑬五千　⑭百円

❸

①赤ちゃんが生まれる。

②マラソン大かいに出る。

③村の力もち。

④小学校の先生。

⑤えん足の日のあさ。

⑥大きいはく手。

⑦右と左を見る。

⑧百円を出す。

❹

①花　②名　③車　④口　⑤耳　⑥下

⑦青　⑧目　⑨上　⑩入　⑪音　⑫山

⑬木　⑭五

スイミー
かたちの　にて　いる　かん字

73〜77ページ　きほんのワーク

◆73ページ◆

貝　①かい　②かい　③貝　④貝

糸　①いと　②いとぐるま　③糸　④糸

◆74ページ◆

林　①はやし　②はやし　③林　④林

石　①いし　②いし　③小石　④石

◆75ページ◆

玉　①たま　②だま　③玉　④玉

王　①おう　②おう　③王子　④王

◆76ページ◆

正　①ただ　②ただ　③正　④正

雨　①あめ　②おおあめ　③雨　④雨

78・79ページ　れんしゅうのワーク

❶

①がい　②ひとくち　③すいちゅう

④いと　⑤は　⑥はやし　⑦さんにん

⑧いし　⑨たま　⑩おう　⑪ただ

⑫あめ

❷

①貝　②一口　③水中　④糸　⑤生

⑥林　⑦三人　⑧石　⑨玉　⑩王

⑪正　⑫雨

❸

①水中から出る。

②赤の糸をつかう。

③林の木がゆれる。

④青の水玉もよう。

⑤王さまが右をむく。

一年かんの　おもいでブック　かん字を　つかおう4

80〜83ページ　きほんのワーク

◆80ページ◆

草　①くさ　②くさ　③草　④草花

森　①もり　②もり　③森　④森

◆81ページ◆

天　①てんき　②てん　③天　④天

竹　①たけ　②たけ　③竹　④竹

◆82ページ◆

虫　①むし　②むし　③虫　④虫

夕　①ゆう　②ゆう　③夕　④夕

◆83ページ◆

空　①あおぞら　②そら　③空　④空

84・85ページ　れんしゅうのワーク

1 ①くさ　②もり　③てんき　④たけ　⑤むし　⑥ゆう　⑦そら

2 ①草　②森　③天気　④竹　⑤虫　⑥夕　⑦空

3 ①森の中に入る。
②小さい虫がいる。
③夕やけの空。

4 ①一年　②文　③水　④出　⑤金・日　⑥休　⑦手　⑧足　⑨大

1年　しあげのテスト

86〜88ページ　しあげのテスト

1 ①たま・たい　②しょう・にゅうがく　③おう・ひだり　④いと・えん　⑤あめ・ゆう　⑥もり・くさ

2 ①村　②足　③手　④五千　⑤一　⑥水中　⑦林　⑧三人　⑨天気　⑩竹　⑪空　⑫金

3 ①右・石　②白・百　③虫・中　④貝・見

4 ①5　②5　③4　④7　⑤9　⑥12　⑦6　⑧8

5 ①早い　②生える　③正しい　④休む　⑤立てる　⑥上げる

6 （順不同）草花　夕日　男子

7 ①耳　②口　③足　④目　⑤手

8 ①イ　②ウ　③オ　④ア　⑤エ

9 ①日　②川　③小　④本　⑤大　⑥王

10 ①子　②夕　③田　④車　⑤玉　⑥糸

てびき

2 ①「村」は、⑦「林」との違いに気をつけて書きましょう。
⑧「人」は、「入」との書き分けが難しい漢字です。「人」は一画目を長く書いてから、二画目を短く書くように注意しましょう。

3 漢字は、わずかな違いでも、別の字になります。違いが分かるように、きちんと書けるようにしましょう。
①「石」のはらいに注意しましょう。「右」と「石」は筆順も違います。
④「見」の「儿」の部分を、はっきりと書くようにしましょう。

4 漢字の総画数を答える問題です。答えを書く前に、実際に一画一画を確かめながら書くようにしましょう。
②「出」の「丨」の縦画の部分は、一画でつきぬけて書きます。
⑦「糸」の「幺」の部分は三画です。

5 一年生にとっては、送りがなまで正確に書くことは難しい面もありますが、練習して覚えるようにしましょう。
②「生」は、「生える」のほかに、「生きる」「生まれる」などの訓読みも学

習しています。混同しないように、それぞれの読み方をしっかり覚えましょう。

6 「草」と「花」は同じ部分があるので注意しましょう。

7 絵を見ながら、体の部分を表す漢字を一つ一つ確実に書けるように練習しましょう。

8 反対の意味をもつ漢字どうしは、まとめて覚えることも大切です。漢字が表す意味を確認しながら、しっかり覚え、語彙力を身につけましょう。

9 一つ一つの漢字の意味を確認しながら、仲間の漢字といえるかどうかを考えていきましょう。

10 一つ一つの漢字を当てはめながら、言葉ができるかどうかを確かめていくのも一つの方法です。

3 2 1 0 9 8 7 6 5 4
＊ ＊ D C B A